昂首撥雲現青天

林光義先生訪談錄

附錄 見證宜蘭發展史——黃瑞疆老師自述

陳儀深──訪問

簡佳慧──記錄

宜蘭精神　台灣精神

／陳儀深（主訪者，國史館館長）

　　2019年7月10日我接任國史館館長，兩個多月以後也就是9月19日、26日，就帶領全館同仁分兩梯次搭遊覽車去宜蘭，參訪慈林教育基金會的「台灣民主運動館」、以及三星鄉的「陳定南紀念館」，雖然對我而言都是熟悉的地方，對大多數的同仁而言則是初體驗。此行的原因之一：由於國史館有管理總統副總統文物的權責，同仁們本來就要多看博物館、紀念館以學習文物展覽的知識和能力；原因之二：當時我已經在籌備年底要舉行的「台灣歷史上的選舉」學術研討會、以及隨後的主題展覽，應該先看看慈林是怎麼展台灣民主運動史，也應該看看傳奇人物陳定南，如何在1981年當上宜蘭縣長、又在1985年當選連任，戒嚴體制下的一介政治素人如何透過選舉取得政治權力，如何把縣長這個職位做得虎虎生風，他除了對縣政品質管理一流，不但處理既有的蘇澳冬山空汙而且抵擋六輕

進入（避免像後來雲林那樣的汙染），甚至碰觸戲院免唱國歌、廢除人二安維秘書等敏感政策，這種種「揮灑」延續到後來擔任立委以及成為民進黨提名的省長候選人……所謂綠色執政、品質保證，所謂清廉、勤政、愛鄉土，在別地方可能是宣傳口號，在宜蘭可是活生生的經驗。

　　要之，宜蘭擁有好山好水不是理所當然的，是具有遠見和魄力的政治人物造成的；宜蘭若只有好山好水也顯然不夠吸引人，而是有著慈林教育基金會的台灣民主運動館以及三星的陳定南紀念館所彰顯的宜蘭精神、台灣精神，才讓宜蘭成為具有人文氣質的、世界級的景點。這背後有說不完的故事。我是做過很多口述史的歷史工作者，能有什麼一臂之力可以貢獻呢？慈林方面由於林義雄先生深居簡出，暫時不表；陳定南紀念館的推手──林光義董事長則是不錯的著力點。

　　前述2019年9月的參訪，得到林董事長熱情接待，可惜我們還有別的行程，無法從容聽他說故事，就相約改天來錄音訪問。於是有好多次的周末假日，我開車到宜蘭市民族路陳定南教育基金會，也就是慧燈補習班舊址，對他做口述訪談。林光義是1941年出生於宜蘭縣壯圍鄉農家，小時候「多能鄙事」，台師大畢業以後得以回母校宜蘭高中任教，直到1990年退休；他是以教育家而不是生意人的態度經營補習班成功，造福不少宜蘭子弟，進而成立的慧燈中學則有來自北台灣其他縣市的學子受惠。林光義是陳

定南在宜蘭高中差兩屆的學長，原本互不認識，直到1978
年為了共同的國文老師杜顯揚募集生活基金才碰在一起，
三年後同樣在杜老師家裡巧遇，陳定南就跟他發表三個小
時的政見，說要選縣長。林光義被他說服了，就很快邀集
一批公教人員為主的朋友出錢出力，冒險「撩下去」為他
助選，結果就是本書內文小標題說的：「縣長選舉大黑
馬、改變宜蘭人命運」。

　　選舉不可能包贏的，陳定南也有陷入低潮、四面楚
歌的時候，他在政壇長期是孤鳥，到了1994年才為了空前
絕後的省長選舉加入民進黨，所以之前的省議員、縣長、
立法委員等等提名免不了粥少僧多的競爭，每逢選舉除了
來自國民黨對手的抹黑，來自同屬綠營的矛盾，尤易椎
心。誰能知道陳定南要選、不選、選什麼、怎麼選的內心
轉折？是在什麼關鍵時刻產生了關鍵的文宣，進而反敗為
勝？坊間也有一些媒體記者寫的報導性質的書籍，總覺得
跳躍突兀，可是聽林光義講起來就有血有肉、生動有趣。
陳定南的最後一場選戰是2005年參選宜蘭縣長，輸給國民
黨提名的呂國華大約八千票（巧合的是1981年初次參選縣
長也是贏對手約八千票），林光義認為陳歐珀（時任民進
黨縣黨部主委）主辦的「宜蘭河點燈之夜」活動被對手呂
國華炒作為賄選，是造成陳定南敗選的主因。這次敗選對
陳定南打擊甚大，身心互相影響，一年後就去世了。

　　由於林光義始終站在陳定南的立場發言，後來自己

對訪問紀錄中的人物臧否也覺得需要保留，因而刪去不少篇幅。為了讓這本訪談錄的篇幅達到一定分量，我就趕快去訪問陳定南紀念館的導覽志工、同時也是三星子弟黃瑞疆，擬作為附錄，只是黃瑞疆對於問答錄音轉成紀錄的口述史文體不喜歡，最後決定用他撰寫的「自述」當作附錄。黃瑞疆從日治時代曾祖父黃木全開拓三星鄉的故事說起，講自己的求學生涯、服兵役、擔任過蘭嶼國中和南安國中老師、最後回到宜蘭高中母校任教的經過；他在1992年參加台灣教師聯盟，對於同年（1992）陳定南參選立委有深入的參與，1994年又大力投入為陳定南參選省長的助選活動南征北討，最後還講到「太平山鐵道復駛運動」，這些部分都可以補充林光義訪談錄比較沒講到的地方。

　　口述史的品質大概一半取決於整稿記錄的人，感謝簡佳慧女士（我昔日在中研院近史所的助理）願為此次的訪錄操刀。感謝林光義董事長和黃瑞疆老師，願意述說他們在蘭陽平原打拼的故事，尤其是追隨傳奇人物陳定南所看到的鮮為人知的細節，實是為宜蘭人的榮光、同時也是為台灣民主化的歷程做見證。兩年前我在規劃退休生活的時候就想著宜蘭，現在雖然因故延緩了定居宜蘭的時程，但是能先懷著景仰感恩的心情，為這一塊美麗的土地做一點人文歷史的工作，可說是很特別的見面禮吧。

2021年2月23日

書有未曾經我讀
事無不可對人言

/ 林光義 （受訪者）

老來豪氣未消磨，八十星霜忙裡過，
欲覓知音談往事，太史公前話偏多。

　　前年（2019）秋天，國史館館長陳儀深博士率團蒞
臨陳定南紀念園區參訪。去年（2020）春天，陳館長邀約
我做口述歷史訪談。我這一生何其榮幸，與陳定南因緣聚
會，相知相惜二十八年，肝膽相照，生死不渝。

　　陳館長要我從自己的童年說起，雖然說來話長，但
既遇知音，喜奏流水，晤談八、九次，歷經四、五個月，
陳館長犧牲其寶貴的周末假日，鍥而不捨的精神，令人衷
心感佩，但願能夠不負他的春秋之筆！

　　我四歲喪父，幸賴寡母堅貞睿智，啟迪向學，乃
知力爭上游，讀遍稗官野史，學到豪俠仗義，飽讀經典

叢書，知道淡泊名利，因而結交英雄豪傑，系列人生勝
利組。雖無黃金幾兩，卻有藏書萬卷，八十年來歷盡艱
辛，未曾嘗過失敗滋味。野叟獻曝，願與讀者分享成功
果實，欲知箇中三昧，可在書中搜尋。修身養性，有福
者讀書；育賢啟明，有德者讀書；內聖外王，擔大任者
讀書。這是我為《陳定南教子讀書方法》一書寫序時引
述的話。

　　我雖一介布衣，但滿腔熱血，萬丈豪情，老而不
衰。當年每與陳定南或林山田暢談國事，舉杯對飲，「天
下英雄唯使君與操耳」的話常欲脫口而出，可惜我沒有曹
操的地位，慶幸也非亂世奸雄。後來看到賴清德任市長時
為守護民主價值，在法院未對議長賄選案作出判決以前，
決不踏進議會，我終於可以說：「大丈夫當如是也」。其
實賴清德何止是大丈夫，他也是台灣屈指可數的稀有政治
家，可惜台灣雖已高度民主化，政客仍占絕大多數。

　　政治家與政客之差別不難辨認，政治家看到未來，
政客只看眼前；政治家顧全大局，政客們只謀私利。賴清
德在總統初選後，還促我呼籲鄉親力挺蔡總統，我欣賞他
的雍容大度，也認清他的膽識過人。不過我還虧他勿當
「深宮怨婦」，除非你確認蔡總統是胸襟開闊、氣度恢弘
的政治家。六月二十六日蔡總統參訪陳定南紀念園區，我
當著滿堂鄉親面前推崇她起用蘇貞昌，政績斐然，人民有
感，媲美林肯的政敵團隊（Team of Rivals），將成為千

古美談。

　　眞正偉大的政治家在人格上要光明磊落，在氣度上要廣納百川，在見識上要高瞻遠矚，自我要求成爲一位無敵於天下的仁者，一個無愧於千古的偉人，希望蔡總統和賴清德副總統爲全人類點燃耀眼的火炬，照亮後人前進的腳步！

2021年1月31日

目次

第五章 ｜ 政壇孤鳥　鞠躬盡瘁

第一章

農家子弟　春風化雨

幼年失怙母堅強　童年牧牛不示弱

　　我於一九四一年出生，家居宜蘭縣壯圍鄉；一九四五年五月，第二次世界大戰結束前，父親胃出血過世。母親生有五男四女，大姊、二哥、三哥幼年早夭，三姊和遲來的么妹，在襁褓中就分別送人當童養媳，留下大我十一歲的大哥和大我三歲的二姊，還有一個小我兩歲的弟弟；母親很堅強，獨力撐起一家五口的生計。

　　大哥是我們村子裡唯一念完日治時代高等科的。父親買了腳踏車給他，他騎著腳踏車到村子口，一大群人都圍過來看，簡直像開超跑一樣拉風；大哥在父親的百般呵護下備受榮寵。

　　戰爭的最後一年，也就是一九四五年，父親患了胃出血，那時醫療資源非常缺乏，沒能得到救治。父親在世是豪爽好客的人，我大哥別的沒學，他看我父親經常置酒待客高朋滿座，所以他後來也很會花錢交際應酬。

　　父親過世之後，母親獨自一人要扶養我們這些小孩長大，負擔已經很重了，家裡偏偏出了個「散財童子」。每當人家拖「犁仔卡」（rear-car）要來載稻穀去碾米時，才發現我大哥早就收了人家的錢了。我大哥經常預售稻穀，問他把錢拿去哪裡？他回說：「就用掉了。」他也是王兄柳弟一大群。

　　大哥讓我在「狂風暴雨」中辛苦成長，但我回想起這一生，對我大哥沒有怨嘆，反而要感謝他！假使他很疼惜我，我或許也會像他那樣，變得不長進。因為從小被他折磨，在閱讀孟子「天將降大任於斯人也，必先苦其心志，勞其筋骨，餓其體膚，空乏其身，行拂亂其所為，所以動心忍性，增益其所不能。」的名言時，內心總是特別有感。

　　父親過世時，大哥已經十五歲，卻因為從小養尊處優，所以什麼事也不會做，家裡的一甲多田地，剛開始幾乎都是我母親在耕作。

　　那個年代耕種的動力都要靠牲口，種田的農家，普遍都會養牛，所以我從六歲起就開始看顧一頭牛；看牛的那段童年回憶，雖然辛苦，但是也很甜蜜。

　　家裡原本養了一頭公牛，但是公牛很凶，我太小管不動，就換了一頭母牛。

　　我每天早上起來第一件事就是牽牛去喝水、大小便。寒暑假沒上學時，我吃過早飯就要牽牛去吃草。大概到日上三竿的時候把牛牽回來，繫在牛欄裡，就挑著竹簍到田埂邊割草，裝滿兩個竹簍後，再挑回來餵牛。

　　割草刀割久了比較鈍，就用砍的，有時會砍到草叢中的石塊或是木頭，刀子彈起來，就砍到手指，血流如注，很痛！從小我就知道，傷口不可以碰到田裡的水，因為田裡的水有細菌；這時就要懂得就地取材，先拔一撮野

草的葉子，再用自己的口水混合搓揉後，敷在傷口上，按壓五到十分鐘，血就止住了，接著繼續工作，常常都是這樣。至今我的左手指頭還留有一些疤痕。

再大一點的時候，才知道這樣會有破傷風的風險，但奇怪的是，小時候什麼都不懂，也是自然而然就好了。

太陽偏西的時候，還要再把牛牽到壯圍海邊的沙崙上放牧。出門時，大家都要騎到牛背上，從我們村裡要走到沙崙頂須涉過一條很大的圳溝，如果沒有坐在牛背上，就沒有辦法越過那條圳溝。我因為個子比較小，根本無法自己爬到牛背上；於是我想出一個解決辦法，先把牛牽到竹欉下，再爬到竹竿上，然後順勢滑坐到牛背上。

十幾頭牛排成一路縱隊，因為途中會經過甘蔗園，羊腸小徑很陰暗，傳說那裡面有鬼，我年紀小，大家就把我安排在路隊的中間，受到保護，我就不會怕了。

到沙崙頂放牛吃草，那時沒有時間概念，也沒有手錶，在山崙頂上遠遠眺望，見到竹圍升起裊裊炊煙，就會各自找回自己的牛，再整隊回家。不過也常常拖得太晚，走到半路就已經滿天星斗了。有時去的時候圳溝的水還沒有很滿，回來時，水位已經上漲，牛要游過去時，我的屁股都會浸到水，很冷，那種感覺至今仍然記憶猶新。

成年後的小牧童重溫少時回憶。上圖：一九九一年夫妻同遊日本沖繩縣，下圖：
一九九五年與補習班同仁攝於宜蘭梅花湖附近。

田地耕作四步驟　一生不願吃牛肉

　　鄉下有互相換工的習慣，大哥怕吃苦，不願去和別人換工，因此，我小學五年級就要和他一起下田挲草（跪在田裡用雙手把草連根拔起後，再塞回泥巴裡，成為肥料的一部分）。一甲地挲兩遍要十五天，第一次挲好還要接著第二次；時至今日，大腿內側被稻葉割到發炎的那股疼痛感依稀存在。

　　國民小學畢業那年，我就開始出外幫人耕田了。有的人家做三分地、五分地，或是六分地，若要養一頭牛很不划算，所以就把田地外包給別人去耕作；因為耕完家裡的一甲地還行有餘力，大哥就會去「承包耕田」。

　　田地耕作到可以插秧，要經過四個步驟：第一就是犁田，那是我大哥的工作，因為犁田的那支犁很重，我提不動。第二就是踩割耙，割耙是由四塊木板拼成的長方形踏板，裝有十七把刀，前踏板八把，後踏板九把；這件工作必須由小孩擔任，因為大人太重，牛拖不動。我雙腳跨站在這兩張板子上，駕馭著牛在田裡繞。那也是有規則的，要把田土均勻割碎，先直向走，再橫向走。如果是土質比較硬的田，就要踩四遍，田地才會變軟。我把田土割到軟，接著換我大哥進行第三步驟。

　　第三步驟就是駛手耙。一支橫桿供雙手握住操控，

下面有六支尖尖的金屬釘耙，因為犁田之後會留下幾條溝，我大哥就會拿釘耙，用牛來拖，等於再把地翻一次，到那個溝的時候，把土填平，等於讓整個田地平坦。

第四個步驟叫做「帕那答」，須由我來操作。中間有個軸心，前後兩個像割耙那樣的踏板，我跨站在兩個踏板上，牛拖著前進的時候，前高後低，軸心會旋轉，像楊桃一樣的旋轉葉，旋轉的時候再把田地翻軟一次，後面那塊板子再刮平，接著就是插秧播田了。

有田的人沒有牛，就沒有辦法耕作，包給我們做，我們承攬這個工作，他們才能去播種。好年冬的話，他們一甲地可以收成五千斤，我們可以拿到收成的十分之一，差不多是五百斤稻子；如果換作現在的單位面積產量，可以收到一萬斤。為什麼呢？因為以前沒有化學肥料，也沒有休耕，常常作物成長很差，稻穗很小；現在不一樣了，科技進步，產量增加很多，就像我們以前的水果，蓮霧、芭樂，都是醜醜小小顆的，現在都長得又大又甜。

我念師大時同學都笑話我：「阿義不敢吃牛肉！」我就會回應：「不行，牛幫我們犁田，我不忍吃牛肉！」至今，我依然不吃牛肉……

母親的處事哲理　腦海的警世格言

母親雖然不識字，沒有念過書，但是她平時跟我說

的話，對我的影響很大，其中讓我印象最深刻的第一句話是：「人要有肚量，有量才有福。」這是在教我大哥，不能那麼沒肚量，連弟弟要讀書，也要計較？！

我的童年成長過程，求學之路崎嶇坎坷，每一道升學關卡，大哥都會和母親展開一場激烈的爭執。我媽媽很堅守一個理念，她跟我們說：「你們的父親在世時非常重視教育，你們大哥不肯用功讀書，就會挨揍，但也被揍到高等科。」那個年代能念高等科的人非常少。

我到初中時，很喜歡看章回小說，如《說唐全傳》、《精忠岳傳》等，那些都是我父親留下來的線裝書。有位住在基隆的父執輩來我們家時，看到父親留下的那些書，我母親就對他說：「你如果喜歡，就通通拿回去，這孩子，一天到晚都沉迷於課外書，正課都沒有正經念，都在迷那些小說，這些你通通拿去。」那些線裝書就這樣全部被搬走了。

母親還說過：「買田看田底，娶某看娘嬭」，這確實是很經典的一句話，娶太太，先看這個女孩子的媽媽什

母親林郭鴛鴦女士

麼樣子，就可以確定好壞。

　　還有一句是：「做著歹田望後冬，娶著歹某一世人」，這很嚴重，警惕世人娶妻要慎重選擇；農作，如果這一年得到病蟲害歉收，還可以期待明年能變好；若娶到惡妻就沒救了。簡單來說就是「遇人不淑」。遇人不淑這句話不只用於女人嫁錯人，更適用於男人娶錯人，觀察台灣的政治人物，因擇偶不慎而導致慘不忍睹的下場，只能心照不宣了。

　　「千金買厝，萬金買厝邊」，這也是母親經常掛在嘴邊的，這句話對我往後辦補習班影響很大。

升學之路兄攔阻　闖關突圍母護持

　　在那個時代，念書的人本來就不多。我還記得國民小學一年級時，老師問我叫什麼名字？怎麼寫？我都不會。他就叫我拿戶口名簿去，他看到我的名字，幫我寫上。他用北京話說：「你叫做林光義？」其他同學就在一旁笑我不會說北京話，也覺得林光義這個名字很奇怪。

　　老師跟我們說：只要再去找兩個人來讀書，就可以得到獎品，鉛筆一枝。那時候大家的鉛筆都是削到很短，手都握不住了，也還在寫。我很認真地去找人來念書，因為和我一起看牛的朋友很多，我找來三個，當時我心想應該可以得到兩枝鉛筆；讓我很失望的是，老師只賞我一

枝，要找來四個同學才能得到兩枝。

　　我去找朋友來念書時，也常被人家的母親罵說：「讀冊有蝦咪祿用？讀冊可以當飯吃嗎？我們要看牛啦！猴囝仔不要來囉嗦。」就被趕了出來。那個時候「種作顧肚子」才是最重要的，能讀書的人很少，往往一班四、五十人，讀到六年級時，只剩下十幾個人。像我們那一屆古亭國民學校一個年級有兩個班，讀到五年級，因為學生減少很多，就把兩個班併成一個班了。

　　念初中時要來宜蘭考試，考上省立宜蘭中學之後，家裡發生很大的風暴。

　　念初中要繳學費時，我大哥堅決反對，不讓我讀；我母親則是堅決要讓我念，大哥和母親大吵一頓。我大哥的想法是，讓我去念書，就沒有人可以工作，還要花錢，這怎麼可以？！

　　我也算是好運，像是年長我三歲的姊姊雖然得到縣長獎，也沒辦法來宜蘭讀書，因為當時還沒有巴士，從家裡要到蘭陽女中很困難，只好放棄。等我讀初中時，剛好巴士開通；但是我都要追著巴士跑，常常都是差一點就沒趕上。

　　因為在省立宜蘭中學初中三年，一方面讀書，一方面要做家裡的事情。我一早要牽牛出去運動，第一件事情就是讓牠去大小便，要不然大在牛欄裡就不好收拾了；還要讓牠吃一些草，所以時間很緊迫，書包一背就用跑的去

追巴士。放學回來，大哥又緊迫盯人，剛下巴士，還離兩百多公尺，就已經在田裡跟我招手，要我趕快過去，如果動作慢一點就會挨罵，甚至會被呼巴掌。

我不像其他人可以受到哥哥的疼愛，伴隨我成長的是凌虐與苛責。

到了初中三年級，面臨考高中的升學問題，大哥就開始警告我：「你可不要妄想還要念高中，工作已經幫你找好了。」他要我去台北的和隆煤礦公司當記帳員。

煤礦公司的老闆叫做高文通，他太太和我嬸嬸是姊妹，所以我們也要喊他「姨丈」，但人家是穿西裝，梳油頭，要見到這位大老闆也沒什麼機會。高文通還滿喜歡雇用鄉下小孩，因為老實又比較能吃苦。他一次錄用了四個，另外三個是我的堂兄，都是和我同年級，當中只有一位沒有念初中。

要去上班的那一天，他們三個行囊整理好了來我家催我。我之所以慢半拍，是因為我不願意去，一直拖到最後，不得已只好認了，慢吞吞地在整理行李。他們三個在我家等我，我媽媽突然淚如雨下，一手拉著我，一邊跟他們三個說：「你們趕快去，快趕不上巴士了，我們光義沒有要去了。」但如此一來，母親就得面對我大哥發動的一場激烈戰爭。

三位堂兄走後，媽媽問我：「你今天去報名還來得及嗎？」我說：「今天是最後一天。」她就拿了二十元報

名費給我，我好像獲得了解救一樣，高興得不得了，趕緊跑去搭巴士。來到宜中找我初三的導師劉琰，他很照顧我們這些學生，當時只跟我抱怨一句：「人家報名手續都辦好了，你這孩子到現在才來。」我只有再三央求老師。那時候也不知道該如何報名，沒有門路，劉老師念了幾句還是幫我辦了。我就這樣又闖過了一關。

嚴師才能出高徒　作文竟有癸下下

當年宜蘭高中錄取一百二十名，我考取第二十名。考上高中的那個暑假，我很認真讀書，我讀到《古文觀止》，感到很好奇，早上很早起來一邊看牛，一邊背那本書，到高一開學時，我已經把《古文觀止》的上冊背完了。

杜顯揚老師是我高二升高三的國文老師，他為何那麼出名？因為他規定每一篇文言文都一定要背，而且作文批改得很仔細。曾經，班上有位同學的文章，整篇被批改到只剩五個字是學生自己寫的，其餘數百字都是老師改寫完成；也有人作文成績竟然拿到癸下下，可見得他把成績分成多少等級。從來沒有學生拿過甲上上，只有我拿過甲上，我最差的作文成績是甲下下。宜蘭高中有好幾屆被杜老師教過的校友，都會津津樂道「癸下下」這樁過往的趣事。

那時記性好，班上的作文只有我會寫文言文，國文老師很欣賞我。杜老師規定，每個學生都要去辦公室背書給他聽，班上的同學只要知道我要去背書了，後面就會跟著一大群過來，他們知道我一定會背得很好，老師也可能只聽到我的聲音，其他人就跟著小小聲念。別班的國文老師王偓，看到我們五六個同學圍在杜老師周圍背書，還開玩笑說：「不錯不錯，眼觀四面，耳聽八方。」

宜中歷屆學生的國文成績紀錄，不曉得有沒有全部保存下來，如果有，可以找出我創下的紀錄，國文學期成績九十八分。評分包括考科和作文的成績，考滿分很困難，作文分數更難，所以國文成績能拿到九十分以上的學生通常都是個位數，能拿七、八十分就很不錯了，我竟然在杜顯揚老師的手中拿到九十八分。

大學畢業回到宜蘭高中服務時，每年校慶都會舉辦學生成績展覽，各班都會挑出五到十位學生寫得比較好的作文展出，這位杜老師展出他們班的作文時，竟然把我以前的作文也拿出來展，我都已經在那裡當老師了，還把我排在他們的班級裡面。

以前的作文都要用毛筆寫，我大多寫到第二面的二、三行左右，有時甚至只寫一面而已，因為文言文不需要寫太長。早期的老師都是念文言文，看白話文反而不習慣，覺得索然無味，所以很欣賞我的文章。也因為文章背多了，寫作時就能信筆拈來，我為《陳定南教子讀書

方法》那本書寫序，標題就寫「讀書破萬卷，下筆如有神」。

　　高三要畢業時，有兩件事值得一提，我們的導師是教英文的，叫做李浩然，他召見我，他說：「我們黨要吸收優秀青年，你是我們班上很傑出的青年，這張表請你填一下。」我很老實，因為我很會背書，讀過的書都記得，我就跟他說：「老師，我們高二的公民課本有說，憲法規定，學生、軍人、法官須超出黨派以外。」老師就翻臉了，然後我的操行成績變成乙等。我讀到高中畢業，一直都是品學兼優，唯一一次在高中畢業前夕，操行成績被打乙等。

第一志願考師大　暑假打工使命達

　　還有一件事，以前大學聯考都是先填好志願才報名，所以填的志願不會很多。到教務主任那邊被卡住了，「你怎麼搞的？你第一志願填師大，你不知道我們在爭取台大的名額嗎？」當年的規定是三年加起來考上台大二十四名就可以保送一名。「你可以考上台大卻填師大，你頭腦壞掉啊？」問題是我哪有可能填師大以外的學校？因為我心裡明白，只要繳一毛錢的學費我就不用念大學了。更何況我這次又要升學，大哥氣到把我的課本丟到廳尾，罵說：「你還奢想要念大學，鐵路局的工作已經幫你

找好了。」不知道他是怎麼去周旋的，鐵路局竟然已經要雇用我了。他說：「你別想了，一關一關讓你過，家裡要怎麼過日子。」我眼淚往肚裡吞，照樣讀我的書，心想考得上我就不用怕你了，因為念師大不用錢。因此，我第一志願就填師大，當然我也以第一志願考上了師大。

　　大二那年暑假，有一個很好的機會，當時基隆和台北之間要開闢第二條路，叫做北基二路，當時的宣傳是所謂的「自由中國第一條超級公路」，現在叫做「麥帥公路」。那是一九六二年，那年代還沒有挖土機之類的重機械，都是用人力挖鑿，大多的工程都是榮工處包的，由那些退伍老兵在做，另外會留一些名額給大學生打工，我也去報名。打工的學生裡面有政大、台大，也有師大，反正知道有這種工作機會的人不多，而且也只有比較窮的學生才會來報名做這種苦工。

　　我們的工作地點是在七堵。在那裡，我的工作表現也比別人好，因為從小就是做粗工出身的，練就了一身銅筋鐵骨。別人拿十字鎬掘土或是拿圓鍬鏟土石，對體格不好的人來說，也不是什麼難事，但是扛扁擔的話就沒辦法了。那些土石被垾到畚箕之後需要扛起來，肩膀沒有扛過東西的人無法勝任，扛個十斤就撐不住了，一擔土石大概都是上百斤。在我十六歲時，我就有辦法扛一擔稻穀，一擔都是一百多斤，在割稻時，我是在田裡跟人家一起扛的，那是練出來的。所以我在工寮的人緣很好，在我們那

一組，我做了很多工作。

　　窮學生來打工，依然不忘要念書。大家的床頭都會放一兩本書，午休或是晚上還沒睡覺時就會拿出來看。那時我認識一位師大國文系的學生蕭仁賢，他正在看一本《中國文學發展史》，我拿來翻了一下，裡面的文章或故事，我大部分都讀過了，他和我聊了起來，大為驚訝，他說：「你念教育系的，我讀國文系的，你懂的東西竟然比我還多，簡直就是奇才。」

　　他很欣賞我，問我有沒有女朋友？我說：「像我這種窮光蛋，想都不敢想，哪有什麼女朋友。」他說：「我表妹今年從台北女師畢業，我介紹給你好不好？」我說：「當然好，不過不曉得人家想不想理我！」後來說一說也不了了之。

　　那時我們的工資一天是四十元，有一天有一位政大的同學發起，我們一個人出十元去七堵街上聚餐喝酒。因為我的個性很隨和，人家來邀我就去，第二天就出事了。帶隊教官就一個一個召見拷問：「你們昨晚到七堵街上做什麼？」我說：「去喝啤酒聚餐啊！」「做什麼老實招來，你們十三個人都是本省籍的。」其實我也沒去注意我們是幾個人去，反正就是一桌坐得滿滿的。教官的神通真廣大，知道我們去了十三個人，還知道都是本省籍；我們大學生在一起，也沒人會去注意誰是哪一省的。我說：「就這樣子啊！喝啤酒啊！吃宵夜啊！」教官說：「還不

老實招來？」「就沒有什麼可以招的啊！」結果那個暑假回到學校，成績單公布，我又拿到一個操行成績乙等。我已經被列為黑名單了。

一天的工資是四十元，我記得一共賺了一千二百元，我存了一千元左右，回家交給媽媽，剛好可以讓我弟弟註冊。我弟弟考大學的那年，數學很難，大家都考不好，考零分的人很多，那屆宜中沒幾個人考上大學，我弟弟考上台北工專，要繳學費，那些錢就剛好派上用場，反正我是公費生不用繳學費。

古文觀止勤背誦　一封情書芳心動

暑假結束升大三以後，國文系的蕭仁賢有一天跑來我的宿舍跟我說：「我表妹那件事有眉目了，原來是有一位台北工專畢業的鄰居在追她。我已經跟她確認了，她不喜歡那個男生，你可以寫一封信給我表妹。」我清楚記得是十二月十二日，雙十二，那天的天氣很冷，我寫第一封信的日子。

說真的，因為我的文筆不錯，寫信是有說服力，字也寫得漂亮。

我曾經拿「司法改革建議書」給賴清德看，他沒有稱讚我的文筆好，反而說：「你的字很漂亮。」我說：「我是有練書法的人。」

蕭仁賢在信封後面寫了一句：「妹妹，這是林先生的信，希望你會喜歡。」寄出去之後，過了兩個禮拜才收到回信，我要寫第二封信的時候，已經快要放寒假了。我在信裡面寫道：「大年初一那一天，我到府上拜訪，中午就在府上吃飯。」沒想到我一個鄉下小孩，在這一點，比任何人都來得前衛。

其實我那次去，還發生一件很有趣的事，我用家教賺的薪水去買了一套西裝，那套西裝二百元，我還記得是在舊衣攤買的，價格是隨人喊價，老闆喊多少，還可以討價還價。我還買了一小竹簍的橘子當伴手禮。從我家搭巴士到宜蘭市，再從宜蘭換車到羅東，再從羅東換車到三星下車，在站牌邊有位白衣黑裙的女孩站在那裡，我就知道是她，當時我連相片都不曾看過。去到她家時，他們也很隆重，九叔公、七嬸婆都來了，吃了這頓飯以後，我就這樣被套牢了。

鳳山結訓到馬祖　風蕭蕭兮易水寒

一九六〇年讀師大教育系，一九六四年畢業，回來宜中實習一年，就去當兵，服預備軍官役一年。先前我兩次操行成績被打乙等，都和國民黨有關，但是我沒有抱怨。不過，很奇怪的是，師大畢業時，我們班上有二十六個男生，二十個女生，男生都到政工幹校接受分科教育，

只有兩個例外，一個就是我，另外一位是江正茂，據說他母親是日本人。

後來我才知道，原來我是黑名單有不良紀錄，不可能被分發到政工幹校，而被發配到鳳山的陸軍步校；江正茂則是因為他的母親是日本人。陸軍步校真的是魔鬼訓練營，我這輩子生來是注定要吃苦的，只能認命。

鳳山結訓時宣布分發，第一個就是「林光義抽到馬祖」，根本沒讓我抽，就說我抽到馬祖，江正茂也抽到馬祖；同學們紛紛來安慰我，頗有「風蕭蕭兮易水寒」的感覺，因為那時還算是戰時，只不過是「單打雙不打」。要去報到前，就發給我們全副裝備，三十公斤的裝備，打包好好的，就背在背上準備去報到。那時在基隆等船，因為海象差，等了一個禮拜才上船；幸蒙住在安一路的好友楊光明收容才得以落腳安身。

那時搭船要十八個小時，我們是晚上九點左右上船，抵達馬祖的時候大概是傍晚四點多鐘，在福澳碼頭上岸後，就去報到。連長名字是車邦軍，報到那天他不在，接見我的是副連長谷夢蛟，他是山東人，聽說是反共義士，個性粗獷豪邁。他看到我就說：「你早不來，晚不來，怎麼辦？沒有床位給你耶！啊，有了，離這裡走差不多二十分鐘的路程有一座碉堡，很久沒有人住了，你敢不敢住？」我那時的反應還算快，我說：「當然敢啊！」因為不能說不敢，要不然可能當場就給你排頭吃。你穿著軍

服，革命軍人不敢住碉堡，你來幹什麼的，你給我滾回去……等等之類的話，會被羞辱一番。他聽到我那麼乾脆的回答，就叫傳令兵，「連宏一，帶他去。」就沿著山谷彎彎曲曲，走到碉堡時已經快天黑了。

一進去碉堡，裡面滿布蜘蛛絲，不知多久沒住人了。那位傳令兵很不錯，還幫忙打掃清理一番，我就住在那裡了。不過也幸好沒有住很久，大約兩個禮拜後就升官了，當時雲台山營部的情報官要回來台灣受訓，我被調去代理情報官。情報官是上尉缺，還有一位士官當我的部屬，他要負責接電話，跟我報告，我再往上層報告，例如「黃岐匪砲向我北竿發射幾發……」報告這些。但是晚上都不能出去，因為有可能會中彈。「單打雙不打」，不是只有金門，連馬祖都有，老共在這點倒是很守信用，每個月的一、三、五、七、九日……，單數日砲擊，雙數日休息。當年師大畢業因為是拿公費，必須服務五年。我服務一年之後去馬祖當兵，兩個月後，部隊就換防，又回到台灣。

稗官野史多讀通　盤古開天到反共

我讀書的目的不是只為了考試而已，所以課外書看得比課內的還多。初二時，第二次月考，我的理化考了十五分，班上倒數第二名，但是第三次月考，全班只有我

一個人考滿分。那位姚福晉老師很嚴格，發表分數時，當著全班對我說：「你好狗運，全班只有你一百分，如果有另外一個考一百分，我絕不相信你有這個本領。」初三時我就偷看《三國演義》，一般學生看不懂，因為內容有點文言，高一時再看第二次。

第一次月考數學只考二十五分。我還記得幾何出了四題，我只會一題證明題，其他我都不會，因為我也沒有認真在聽課，老師還沒發表，我就知道是二十五分。當老師說：「林光義二十五分」時，大家都笑到東倒西歪。第二次月考，數學老師呂揚名念到我的名字時，還沒報分數，先問了我一句：「你拚了是不是？」我笑笑說：「我上次考二十五分，這次不拚還行嗎？」這次我也是全班唯一考滿分的。因為我知道原本考很差，後面要考到多少分才能補得回來，這就是置之死地而後生。

我讀中國古早的稗官野史讀得很勤，包括最早的《封神榜演義》、《東周列國志》、《西漢演義》、《東漢演義》、《三國演義》、《隋唐演義》、《羅通掃北》、《薛仁貴東征》、《北宋楊家將》、《精忠岳傳》、《水滸傳》、《西遊記》……，總之，從盤古開天讀到反共抗俄，這些我都如數家珍，甚至精彩的片段，我都會背起來。

結識康灩泉老先生而成為忘年之交的緣分，也是「書」。康老在宜蘭的地位和聲望很高，是家喻戶曉的人

物，長我三十幾歲，寫信給我時，老派作風，稱我「光義兄」。

若沒有我和他縱談天下、橫論古今，他會覺得日子不好過、不舒坦！為什麼？因為他的學問很好，這些書他都讀得很好，吟詩作賦，書法不稱天下第一筆，也是蘭陽第一。他很欣賞陳定南，那也和我有關係，我帶陳定南去拜訪他，因而相識。陳定南也常和我去看他，並接受康老的建議，擬在草嶺古道仿西安碑林闢建草嶺碑林。

陳定南就任縣長期間不跑攤、不應酬，婚喪喜慶鮮少出現。一九八三年秋，家母去世，他竟破例親臨致祭；康老親手撰寫祭文且親自誦讀（康老手書原文刊載於其百週年紀念展第一〇八、一〇九頁）。

我在宜蘭高中教英文，我讀師大教育系時輔修英文，所以在宜中，我也算是很另類。我常常跟學生後輩說：「讀書人坐下來要能寫，站起來要能說，躺下來要能想；說話要能讓人認同，做事要能令人感動，做人要能受人懷念！」所以說，學歷是銅牌，能力是銀牌，人脈是金牌，思維是王牌。

賈伯斯（Steve Jobs）說："Education is bronze, ability is silver, network is gold, thinking is ace." 其斯之謂歟！

與康老墨寶「草嶺碑林」模型合影。左三林光義、左四康灝泉。

與康灝泉、陳定南留影於草嶺古道

苦難成長不爭名　八字裡面沒長字

　　我是在寡母孤兒苦難中成長的人，但這輩子過得很順利，就是因為喜歡看這些稗官野史，吸收了一些江湖的習氣，廣結善緣，才能事事無往不利。人家認為做不起來的事情，我都做起來了；但是有一點，我從不與人爭。例如慧燈補習班，幾十年來都是我在負責運作，我都沒有拿薪水，我也沒有去爭名位，如果有人找我去當什麼長，我都回答：「我的八字裡面沒那個長字。」

　　要成立慧燈中學，建校的六甲地都是在我手中買下來的。成立之初需要五、六億，一大堆人要來參加，一個人出三千萬，這些成員大部分都是我的人脈找來的，他們當然也想要我當董事長，我說：「我八字裡沒有那個長字，讓林忠勝當。」

　　我在宜蘭高中，從一九六四年教書到一九九○年退休，共二十六年，始終堅持理想、擇善固執。有一次訓導主任給我班上一個學生記小過，我拒絕簽字，訓導主任來找我說：「這個是我親自舉發的，你不簽字讓我下不了台，你別忘了，我還是你的老師。」我說：「一日為師，終身為父，這個我永遠記得，但是這件事情我礙難從命。」「這個學生第一節考英文，第二節考歷史，你說他考歷史的時候，抽屜裡面留著英文考卷，違反考試規則，

這只是小小的疏忽，口頭告誡就得了。更何況英文考卷和歷史扯不上關係，這個過讓你記下去，這個學生一定會變壞。」

又有一次，宜蘭高中「大拜拜」，主辦北區六縣市高中高職導師會議，教育廳長要親自來主持。頭一天學校宣布：「今天全校第八節停課，要大掃除。」別的老師都覺得賺到了。那一節我剛好有課，我去上課，很嚴肅地跟學生說：「聯考快到了，萬事莫如你們前途要緊，我要照常上課，大掃除十五分鐘就搞定了，不必一個小時。」但是我也沒有提早十五分鐘下課，一直到下課鐘響，全校都打掃好放學回家了，我還記得那天是11月29日，五點多已經萬家燈火了。下課鈴一響，我立刻宣布：「注意聽好，等一下，搶到板擦的擦黑板，搶到抹布的擦玻璃，搶到水桶的去提水，搶到掃把的掃地，沒有搶到工具的負責搬課桌椅，十五分鐘之後，除了七位幹部之外，任何人不許讓我看到，開始！」十五分鐘之後我去察看，很好，窗戶擦得亮晶晶，地板也洗得乾乾淨淨，七位幹部正在做最後收拾。

這時候我想到一件事情不放心，離我們教室不遠的那間廁所平時很髒，雖然宜中的廁所是工友負責的，我還是不放心去看看。一看，連玻璃窗上的蜘蛛網都還文風不動。我回教室請班長拿一塊抹布把玻璃窗上蜘蛛網擦一擦，至少先讓表面不要那麼難看，我打算第二天一早去跟

總務主任說，請工友清潔。那時已經很晚了，要趕快讓孩子們回去，我回去拿雨衣和安全帽，經過教室的時候，奇怪？電燈怎麼都沒關，人咧？都去打掃廁所了。我到那裡一看，心想，我怎麼會教到這群傻孩子，全校的人都回家了，這又不是他們的工作，還那麼認真在刷洗。

七位學生識大體　機會教育不可失

就在這時候，同一個訓導主任從那裡經過，看到了也很感動，他說：「林老師，明天把這些孩子的名單報來給我。」我怎麼處理呢？他要記過，我拒絕；要記功，我也不接受。隔天早上早自習時，我跟學生說：「昨天晚上當我看到我們班上七位同學自動去刷洗廁所時，我突然感覺到，我是天底下最驕傲的導師，因為我教出來的學生能識大體，肯犧牲，肯奉獻。黃主任要我把名單報給他，我認為免了，因為你們的付出，你們的奉獻，已經給自己添上一枚無形的勳章，絕不是區區一個記功嘉獎可以同日而語。」我說到這裡，掌聲雷動，掌聲停歇之後，我還補上一句：「今生今世要給我牢牢記住。當你看到別人家的孩子趴在地上搶銅板時，你要給我抬起頭來昂然地望著遠方！如果你也趴下去跟人家搶，那這輩子你就注定是一隻可憐蟲！」我就是這樣教孩子，這是機會教育，而且這種機會只有一次，不可能再出現。

有一件比較遺憾的事。學期末審查操行成績，一班一班審查通過，那時管理組長就報告說，高一壹班有一個學生總共記了十九次過，按照校規應該勒令退學。校長問：「各位老師有沒有意見？沒有意見，通過。」我說：「慢點，短短一個學期記了十九次過，這很不尋常，是不是請導師報告一下。」那位導師是學校的數學名師，報告也很簡要：這個孩子聰明絕頂，演講比賽和論文比賽都是第一名，但是有暴力傾向。

我舉手說：「我建議不能讓這個學生離開宜中，因為他聰明絕頂，又有暴力傾向，如果連宜蘭高中都沒有辦法把他教好的話，讓他離開，變成社會中一顆不定時炸彈，這是不負責任的做法，雖然我不認識他，但我願意義務輔導他。」校長就問在場老師：「有沒有人附議？」有人附議，這樣不得了了，正反雙方展開近兩個小時的激辯。我又舉手說：「交付表決，要不然校長要準備便當啦。」表決結果，我輸一票。校長說：「我贊成林光義老師的主張，如果是高三就沒問題，他現在才高一，會有一個隱憂，恐怕夜長夢多，我看就這樣尊重多數決吧。」當時如果校長挺我就贏了。

我又舉手了：「我要求一個附帶決議，這個孩子來辦理離校手續時，請輔導主任務必通知我一聲，我要見他一面。」當我接到通知，就趕緊趕過去。

那個孩子看到我，怒目相視，因為他不知道我曾經

為他仗義執言，他只是心想「我都已經被攆出來了，你還
來囉嗦什麼？」我請他坐下，第一句話問他：「今天你離
開宜中之後有什麼打算？」他說：「有，我第一件事要做
的就是，打斷教官一條腿。」我開導他，講了一個多鐘
頭，最後他終於叫我一聲老師，他說：「老師，我承認我
辯不過你，我答應你不做傻事。」就差沒說一句：「你現
在可以放我走了。」我跟他握手說：「很好，知過能改善
莫大焉，以你的聰明才智，你到哪裡都沒有問題，只要你
好自為之，你的前途仍然不可限量。」我拍了拍他的肩
膀。但是三、四個月之後，十一月，報紙出來了，他殺死
人。當初如果照我的建議，是不是就不會出事？我不知
道，這無從比較了，但是殺死人是最壞的結果。

校長風骨奠邦基　氣度恢弘廖俊一

當年政府派御用學者來宜中演講：「四十年來豐衣
足食，國泰民安，戒嚴有什麼不好！？那些黨外人士一天
到晚吵著要求解除戒嚴，惟恐天下不亂，其心可誅，其行
可鄙，我們要鳴鼓而攻之。」台下的學生還給他鼓掌。所
以當他演講完的時候，我忍不住，心想，豁出去了，不講
不行，學生被這樣教育下去就糟了。我走到台上，拿起麥
克風說：「你們家裡有養鳥的舉手。」幾乎每個人都舉
手，因為那時有養鳥的風氣，是全民運動。我問：「你有

沒有給牠漂亮的鳥籠住？」有人回答說：「有。」「有沒
有買好的飼料給牠吃？」「有。」「那有沒有把牠放出來
飛？」大家都哄堂大笑，養鳥放出來飛，心想這個老師
頭殼壞去了；我大吼一聲：「鳥不能在空中飛，算什麼
鳥？」學生愣了一下，隨即省悟過來，頓時響起如雷掌
聲。

　　一個禮拜之後，我就出事了，差點被送去「土城大
學」（土城仁教所）進修。

　　學校的安維秘書參我一本，理由是：思想偏激，勾
結黨外。校長把我找去，這個廖俊一校長，很厲害，他對
安維秘書說：「你說林老師思想偏激，勾結黨外，這個很

一九九一年歡送廖俊一校長轉任新竹高商留影，左起宜蘭高中教育基金會董事長
陳正義、家長會長黃正義、林光義、廖俊一校長。

抽象，但是讓你報上去，他只有兩條路，一條是解聘，第二個是抓去關，你何必害他，大家都是多年的老同事了。」他說：「這是職責所在，我非辦不可。」廖校長說：「那我問你，你有什麼證據？」他說：「當然有。」校長又說：「你說說看，你的證據在哪裡？」「我可以找學生作證啊！」「你找學生作證，你能找幾個？找五個你辦得到嗎？」「當然可以啊。」「可是林老師很受學生尊敬耶！他要找十個學生做反證，你怎麼辦？」校長明顯要做球給我接，我說：「這件事情你們兩人去決定，我沒意見。」我就站起來，走了出去，校長一直叫我，我也不理。因為我要找二十個學生做反證也沒困難，但我不能叫學生作偽證，如果留下這個瑕疵，我這輩子就不要混了。

第二天校長來跟我說：「他堅持要報，我告訴他，要報你自己去報，我不蓋章！」最後的結果就是報不出去！大多數的校長都不敢得罪特務，而廖俊一校長毫不畏懼，挺我到底！

我在一九五四年考進宜蘭中學初中部，一九五七年續升高中；一九六〇年高中畢業考上台灣師大，一九六四年畢業返回母校宜蘭高中任教。一九九〇年退休到現在，一直都與宜中保持著密切關係；三十年來，每逢校慶、畢業典禮和運動會，我從未缺席過。為紀念我母親而設立的「慈恩獎學金」，從一九八三年迄今已連續頒發三十七年了，每年頒獎兩次給二十位學生，每名四千元，我也都是

親自頒獎。

　　我最衷心感念和引以為榮的是，歷任校長都有著讀書人的風骨。就拿體育系出身的廖俊一校長來說吧，他當然是四肢發達，但頭腦絕對不簡單！尤其是他開闊的胸襟和恢宏的氣度，更讓人景慕風從，永難忘懷。

　　有一年，我和幾位同事奉命擔任英文科教師甄試的評審，當我呈上評審報告給他看後，他說這個第二名的也不錯，我說：「可是我們要挑選的是最好的！」他說：「可是教育廳的長官交代，這個第二名一定要讓她錄取。」我嚴正表示：「如果校長沒有拒絕權貴請託的擔當，我撤回評審報告，由校長自行決定。」廖校長立即回應：「當然有，當然有！」並當場拿起電話說：「吳主任，你上來一下。」吳主任一上來，廖校長就交代：這個林美雲，馬上發聘書給她。我心想，以後再也不會找我當評審了……

　　沒料到，翌年還是找我們幾個當評審，一個也沒更換；結果，這回故事又重演了。當我呈上評審報告時，他說了：「你們怎麼總是跟我過不去？！這個第二名的，是（省議員）劉守成再三叮嚀一定要錄用；這下子我在省議會審查預算時，怎麼過得了關呢？」我說：「校長請放心，劉守成是我的學生，是個明白事理的人，我打個電話給他就好了。」

　　體育系畢業的校長來主持以升學為導向的高中，看

他指揮若定、領導有方，每年大學聯考都能交出亮麗的成績單，不得不讓人由衷佩服他，四肢發達，頭腦卻相當地不簡單！

第 二 章

智慧之燈　照亮前程

　　我是台師大教育系畢業，系主任林本僑教授曾經告訴我們：教育工作是頂天立地負邦家寄託之重，繼往開來贊天地化育之功的神聖使命。所以從事教育工作者，不僅要才堪經師，更要德配為人師；不僅要有教育家高度教育愛的熱忱，更要有宗教家犧牲奉獻的精神；慧燈補習班能夠從十二個學生發展到五千多人的規模，就是這種教育工作者的使命感所展現出來的成果。

四人合開補習班　智慧之燈幫學生

　　一九七一年，周清惠、林忠勝、李正雄和我四個人基於共同的理念，攜手創辦慧燈補習班，意為「智慧之燈」，要照亮蘭陽子弟的升學前程。

　　林忠勝、李正雄和我是初中、高中六年的同班同學，周清惠是我們三人的共同老師。因為周老師、李正雄和我都是在職高中老師，所以只能由非公職身分的林忠勝登記為創辦人兼班主任。

　　我們三人分別畢業於台師大歷史、物理、教育系英文組。林忠勝在台北擔任中央研究院沈雲龍先生的助理，做口述歷史的工作；李正雄則在師大物理系擔任助教，所以補習班的事務都是我在管理。

　　請來的老師都是在校任教的師資，所以只能選擇在

禮拜天開課；結果只來了十二位學生，都是高四重考生。當天，林忠勝和李正雄都在台北，沒有回來；周老師一開始就講明，他說：「你們三個孩子去弄就好了，我可不管事。」

當時看到只有十二個學生，這些請來上課的老師都跟我說：「趕快退費解散，這樣辦下去，你會虧損到『賣某賣子』。」我說：「照常開課！」那時有位學生聽到我說這句話，問道：「那丙組只有我一個，也要上嗎？」我說：「當然要上。」他說：「可是生物老師已經走了。」丙組就是要考醫學系的，只有這組要考生物。我說：「你坐在這裡不要動，我去把他追回來。」我騎著五○CC的機車，衝到頂埔，頂埔再過去就是頭城，那位生物老師住在頂埔。我趕到他家時，他家裡的人跟我說：「他剛剛回來脫下皮鞋，已經到田裡工作了。」我就請他家裡的人帶我過去。我也是在田裡長大的人，穿著皮鞋也能在田埂上行走。到了那裡，我就喊他：「上來，上來，手腳洗一洗，跟我一起回去。」他說：「你頭殼壞掉啦？」我說：「沒有啊！我頭腦很清楚。」「只有一個學生而已，你不知道喔？」「我當然知道，一個學生也要上。把腳洗一洗，跟我回去。」回到宜蘭時已經快要十一點了，照常上課。

開課之後，請來的老師就是在他白天學校空堂的時間排課。我跟這些老師說：「這十二個學生，明年都給我

考上大學，我鐵定會有一百二十位學生。」

一開始學生會這麼少，那是因為大家不相信宜蘭有能力辦升大學的補習班，所以有錢的人都去台北補習，不過當時有辦法去台北補習的人並不多。

我只有聘請一位職員，那位職員兼任導師，坐在教室裡維持秩序，其他的事務，比方老師的排課、考試……等等都是我在安排。到第一學期期末，學生已經有二十幾位了，人數增加一倍。

除夕那天，我照常上課到中午，然後跟學生宣布，過年放假三天，大年初四回來上課，學生們都哀哀叫：「老師啊！過年耶！」我說：「老師也要過年，我好不容易說服老師們回來上課，你們竟然不願意？」我說：「好啦！元宵節過後，農曆正月十六，再回來上課；二選一表決，贊成元宵節過後回來上課的舉手？」沒有人敢舉手，我說：「那就維持原來的計畫，初四回來上課。」

一九七二年考取台大醫學系學生家長致贈匾額

　　過年之後，第二學期開始，學生就漸漸增加了。因為得知重考生也能補習，有意願的人就陸續地過來，最後增加到三十幾位。第一屆的這三十幾位學生幾乎全壘打，其中有一位叫林銘川，考上台大醫學系；台大醫學系是頂尖的，「慧燈」因此一炮而紅，所以第二年招生真的超過一百二十位學生。

首創晨考新制度　全國補教紛跟進

　　當時我定了一個「晨考」制度，早上七點半到八點二十分，五十分鐘的考試時間。因為我發現，學校的週考都排在下午第一堂課，在考試之前，整個早上學生都沒辦法專心聽課，都在準備下午的考試。所以我跟學生們說：「你們晚上就要努力準備明天的考試，明天天一亮，來了就先考試，然後專心上課。」我這個制度，後來全國的補習班都效法跟進。

　　進來的學生比較多之後，就進行分組。自然組和社會組分開上課，共同科目可以集中上課，每一班都有一位導師，因此聘請的人也比較多。我請大學剛畢業的，大多數都是女性，給他們專任老師的薪水，職責就是負責每天改考卷。每天早上有晨考，一天考一個科目，登記成績，聯絡家長，兩個禮拜發一次成績單，我會親自頒獎給前五名，以資鼓勵。

　　到了第三年，我又開辦「國四重考班」，規模更大了。這時候，溪南的羅東高中四位老師，合夥辦了一間智光補習班，因為溪北有我們慧燈補習班，我們是「智慧之燈」，他們是「智慧之光」。

　　他們四位有一天來向我取經，其中讓我印象最深刻的一句話：「你們也是四人合夥，我們想要知道，你們薪水怎麼分配？」我說：「沒有薪水。」他說：「哪有可能？」我說：「不然你們怎麼發？」「我們四個人，每個月各領五千元的薪水。」我說：「你們這樣是做不起來的！」他們變臉了：「怎麼可以這樣說話？」我說：「一開始創業，收入本來就有限，一個人一個月還要拿五千元，母豬沒奶，豬仔怎麼養得活？」他們又問：「你們怎麼有辦法不拿薪水？」我說：「我們有兩位住在台北，另一個是我們的老師，都是我在管理，我都沒有支薪，其他人也就不好意思支薪了。」為何我可以不用支薪？因為我在學校原本就有一份薪水，我太太也是國小老師，養家活口沒有問題，我沒有後顧之憂。

合夥事業一輩子　沒領薪水一毛錢

　　我處理補習班的大小事，從來沒有領一毛錢的薪水；股東來上課也只領鐘點費而已。一九九〇年我從宜中退休的時候，林忠勝才說：「這樣不行，十九年來你都沒

領薪水，現在你退休了，專職在補習班……」其實我有沒有專職，都已經在管理補習班的全部事務了。大家都在說：「人家合夥的事業，很少像你們那樣，可以維持一輩子，不曾發生什麼意見的磨擦或是鬧分裂，親兄弟也沒有那麼好，你們是怎麼做到的？」

我們這個組合，很巧的是，兩個合夥人在台北工作，很難參與，剛好只有我可以全心投入；從事教育事業，教導學生、帶領老師都是要直接面對面接觸，沒辦法遙控的。能夠這麼順利，我回想起來的原因，第一是我不爭名，第二不計利益。因為最後有盈餘，我也是分得四分之一，根本不用去計較什麼。

我的個性比較隨緣好客，交遊廣闊，洽辦公務花的錢，也不報公帳。不過有時開發票，會請他們把抬頭，寫「慧燈補習班」，我拿回來交給會計，但是我不會去領一毛錢，我自己是老闆，去跟會計領錢，太沒尊嚴了。

重要的一點是帳目公開化，他們三位都可以去會計那裡查核；最不會去問帳目，或者最不瞭解金錢的，可能就是我了。我只有在準備做大計劃的時候，才會去問會計：「我們現在有多少錢？想要再買一塊土地，不曉得錢夠不夠？」或者要蓋一棟大樓，錢夠不夠？我只會問這些，其他的事就都不過問了。

學生人數倍增加　貸款買屋搬新家

補習班的學生倍數增加，到第四年，我就累積了八十萬元的公積金。當時民權新路四十七巷的空地，有人在蓋兩層樓的國宅，一間五十二萬五千元，我訂了四間，都將每間的樓層打通，隔成兩間教室。四間國宅要二百一十萬元，我只有八十萬元的現金，於是想到土地銀行辦理貸款。

當時土銀的貸款條件很苛刻，利率十二‧九％，還要回存二○％，等於貸款一百萬元，實際上只能拿到八十萬元而已，而那二○％回存只給我們五％利息。我心想：「哪有這種道理？我跟你借錢，付十二‧九的利息給你，被迫回存才給我五％，這樣等於拿了我十七％利息。」剛好，當時我表弟在台灣銀行當襄理，我把這件事告訴他，他說：「哥哥，你放心，我這邊辦給你；你把土銀那邊的貸款還掉，我這裡還可以讓你分七年攤還，利息正常。」而且土銀那邊三年就要攤還，那是相當吃力的。

雖然可以分七年攤還，一開始還是很吃力，不過兩年之後就輕鬆許多了，因為我們的學生一直增加。一九七六年，補習班就搬進新家了。不過在還沒交屋之前，我認為這樣的空間容量還是不夠，至少還要再增加一層，我問建商：「還可以再追加一層嗎？」他說：「可

以。」於是又追加一層變成三層樓，最後是花了三百八十萬元。

我們考大學的錄取率很好，所以到了下學期，在過年後，學生大批湧入，還有人連夜帶棉被來排隊，因為教室容量有限，他們怕報不到名。於是我又在附近租房子，補習班規模一直在擴大。原本的三層樓，我們有四間，可以分成十二間教室，但有的是兩間打通成一間教室，可以坐比較多人。後來連這樣也不夠，一九八一年就開始在附近租房子，甚至再買復興路那棟大樓的四、五樓。擴增教室的同時，也兼辦在校學生的夜間家教班，因為高四班、國四班都是白天，晚上教室都空著，晚上老師更有時間，所以又辦了家教班。

我沒有領薪水，全心付出有一個好處，我可以做一切的決定。譬如我發現，家教班的學生都自己騎腳踏車來上課，下課時若遇到下雨沒有雨具，就要一路淋雨回家，我便想到一招，買輕便雨衣。我記得一件十二元，摺起來像皮夾大小，我購買了數十箱，一間教室放兩箱。我認為這個錢要花，只要下課，看到下雨了，就交代導師，每位學生發一件，一定要他們穿好才能回家。雨衣不用交還，因為要他們交還等於自找麻煩，那個雨衣很難摺，就送給他們，但是希望他們最好是放在書包裡，隨時可以使用；如果沒有帶，下次遇到下雨，我們還是會再發給他們。

還有一點，我還發現到家教班的孩子，放學就直接

過來上課，他們都是從傍晚五點上到晚上七點；或者是五點半上課到七點半。要來上學的途中如果遇到下雨，我就交代導師要準備薑母茶，每一間教室也準備幾支吹風機，孩子頭髮衣服被雨淋濕了要吹乾。有導師跟我反應：「這樣吹不完。」我回說：「怎麼會吹不完？互相吹乾啊！這樣就解決了。」這都是別人沒有想到的，家長也覺得我們對他們的子女照顧得很周到。

應驗母親那句話　萬金難買好厝邊

補習班擴展到羅東開班，雖然原本羅東也有學生來宜蘭補習，但畢竟是少數，因為太遠了。我們在羅東買土地蓋大樓，這次很神奇，應驗了我母親的那句話，「千金買厝，萬金買厝邊」。通常要蓋大樓之前，一定要鑑界，隔鄰的別墅的圍牆，越界侵占我們的土地九十公分寬。我們的正面有二十五米，九十公分的土地不小，我記得價值約兩百多萬元，這位屋主當面就跟我說：「可以商量一下嗎？不要叫我拆圍牆，那些土地就賣給我。」任何人如果遇到這種情形，一定是回答：「我還要和我的股東商量。」或是採取強硬的做法：「哪有這個道理，拆屋還地，天經地義。」但我當場就回答他：「我母親曾經告訴我『千金買厝，萬金買厝邊』，今天我們有這個緣分當好鄰居，這就夠了，你的圍牆不用拆，我也不要你的錢。」

　　這件事我沒有知會其他三位合夥人，免得橫生枝節；直到二十年後，在一次閒聊中無意提起他們才知道，還消遣我：「你那麼大方。」但是我馬上就賺回來了。

　　在蓋大樓動工後，沒多久，那位屋主的兒子就來找我：「老師你有沒有發現？你們在挖地下室時，我們家的圍牆都龜裂了，連魚池的水也漏光了，魚都死光了。請你來看一下，看要如何處理？」我說：「我當然要負起全責，幫你們修復，看要花多少錢，我不會吭一聲。」那天下午，他父親跑來向我致歉說：「老師，失禮啦，我們家那個猴囡仔不懂事，那沒什麼，我自己來處理就好……」果真應驗了「萬金買到好鄰居」！

　　我很清楚，因為這種事情我幫人家解決過好幾次。民生醫院在蓋大樓時，我曾替他們寫陳情書給縣政府，替他們出面協調。大部分是妨礙到鄰屋或是鄰地的事，對方都是獅子大開口，例如本來六十萬就可以解決，對方卻索賠三百萬，看你要不要給他，如果不給他，這樣一直停工下去，就不用玩了。所以我知道這個利害關係，偏偏也讓我遇到這種事，幸好，我記得媽媽的話，和鄰居結了善緣，工期沒有耽誤。我們於一九九○年七月一日開工，一九九一年五月一日就如期落成啓用，剛好趕上招收考前衝刺班，若因工程糾紛稍一耽擱，就連暑假開始的高四、國四重考班也會無法招生了。

　　羅東的惠登補習班是在純精路，政府規定，同一間

羅東補習班兩棟教學大樓分別於一九九一年五月與九二年五月落成

補習班分成兩個地方，距離不能超過一百五十公尺，所以就改用「惠登」同音異字。

「讓地買鄰居」，讓我想起「六尺巷」的故事：千里修書為一牆，讓他三尺又何妨？長城萬里今猶在，不見當年秦始皇。

學生喜歡聽故事　最受歡迎林校長

經營慧燈補習班，學生最多的時候有五、六千個，我如果去羅東頒獎，從五點半開始，差不多要到八點才能

結束。因為班級太多，一個班級講五分鐘的話，加上頒獎，一個班級就要用掉十分鐘；因為老師還要上課，我不能占用太多時間，學生就會說：「校長再講啦！再講啦！」補習班裡一兩百個老師都稱呼我「老師」，那些孩子也都稱呼我「校長」。

　　他們很喜歡聽我講話，因為我不會胡亂訓話。譬如我會說：「最近聽到郭朝安老師說，從台北開車回來，到基隆的時候，碰到紅燈，當綠燈亮了，前面的計程車還不走，他按了一下喇叭，沒想到那位計程車司機竟然追他追到宜蘭來，要揍他。有時候我們在報紙上或者新聞上也會看到，就只是按一下喇叭就打起來了。」接著，我就會再跟學生說：「有一個十八歲的青年，考到駕照就迫不及待開著他老爸的老爺車上路練功夫。因為經驗不足，他碰到紅燈的時候就熄火等待，但是綠燈亮的時候，引擎竟然發不動，後面的車子猛按喇叭。這個年輕人很機智，反應非常快，他立刻下車，跑到後面車子的駕駛座旁邊。路旁的人以為這下子有好戲看了，一定會打起來，沒有想到，這個年輕人很客氣地說：『大哥，我們來商量一下，我來幫你按喇叭；你來幫我發動引擎，好嗎？』這樣就輕鬆化解了。」

　　類似這樣的，我會跟他們講一些很短的故事。再舉個例子：一個老闆招考了一批推銷員，要他們去賣梳子給寺廟裡的和尚，有些推銷員當場就發飆開罵：「這個老闆

太過分了，和尚頭上又沒有毛，竟然要我們去賣梳子？」
其中有一個偏偏就是那麼傻，他真的到寺廟裡找住持推銷
梳子。看到廟裡香火鼎盛，他就跟住持說：「大師，我看
你這個寺廟信徒這麼多，你一定功力高深。不過，我看那
些香客都風塵僕僕地，頭髮散亂，實在有點可惜，我這裡
有一些梳子，你加持一下，每人送一把，讓他們梳一梳，
效果會更好。」住持聽了覺得很有道理，就把推銷員帶來
的那箱梳子全部買下來，分送給信徒，結果發現捐款倍
增。大家不會平白拿走梳子，大概都會捐個一百元，今天
拿到一把經過師父加持過的梳子，在捐款箱投個兩百甚至
一千元的也有。後來這位師父又找他，將一萬把梳子都買

至課堂頒獎後與學生合影

了下來。

我都會找類似的故事，講給孩子聽。

通常學校都會和補習班劃清界線，怕被人家誤會，但是宜蘭縣各級學校校慶和畢業典禮，常會發請帖邀請我去。有一次我去羅東高商參加畢業典禮，當時的校長是陳日春，陳日春很有威望，與會來賓大多是各校校長。他在介紹來賓的時候，這些校長被介紹時，學生都悶不吭聲，或者有的學生會敷衍應付叫一下，輪到介紹我的時候，全場掌聲如雷，在場學生都高喊：「校－長－好！」因爲在補習班時，學生都稱呼我校長。我和補習班這些學生的感情都很好，一起搭電梯的幾秒鐘，我也會和他們搭訕：「你這件襯衫好漂亮，是爸爸買的還是媽媽買的？」或是「你身材好高喔，有一百七十八公分吧，標準的帥哥型！」

試題解答裝成冊　全員趕工效率高

還有一點，三位合夥人曾經提醒我：「你忙到瘦巴巴，體力也不如這些年輕人，你不能什麼事都挺到底，這樣你會累死。」但我有一個想法，如果我沒有和他們挺到底，他們累死也沒有人知道。

補習班的每個環節都要做到非常周到，就像我們現在的武漢肺炎防疫一樣，都要思慮周到，這些員工都被我

訓練到很進入狀況。我舉個例子，例如今天聯考考完之後，明天一早，試題解答都要出來，大家要對答案，其中哪一間補習班的解答是最權威的、效率最好的，這和招生有很大關係。

有一年聯考，第一天考完的晚上，大家在辦公室吃便當，我就說：「今天大家怎麼都在辦公室吃便當，你們不用回家吃飯嗎？」他們說：「晚上要開夜車。」我問：「開什麼夜車？」總管理主任林根踚跟我說：「這次的試題解答，不要用散張，要裝訂成冊。」我問：「這樣趕得出來嗎？」他說：「可以，八點印刷廠就會把成品送來我們這裡，我們就要開始裝訂。」

那次要送三千多本去考場發送，有些家長也會拿到。原本說好八點會送來，結果到八點半還沒來，一直到九點了才送來。以前不像現在有電腦那麼方便。印刷廠把東西送來之後，主任腦筋很好，將工作分配好，分組進行；結果裝到十二點，才裝訂好六百本而已。

我也留在那裡挺他們，大家在辦公室開夜車，我不能跑回家睡覺。我就說：「停下來，大家回家睡覺，如果照這樣下去，拚到明天早上六七點，能不能趕得出來，還是個問題，大家已經累一整天了，不能這樣，明天還有明天的事要做。」但是沒有人理我，手都沒停下來。我知道阻止不了，他們一定要做到完，我就開車趕去南塘水餃店買水餃。

　　我買了好幾大包水餃回家裡煮，煮好之後，用幾個大盤子盛好載過來。到辦公室，我要他們休息一下，吃個點心，也沒有人要聽我的，因為他們怕趕不完。我只好端起盤子一個一個餵。第二天早上六點我回到家，住在我們家的丈母娘剛起床，看到我進門，還說：「你那麼早就去運動回來了喔？」我都不敢跟她說，如果讓她知道我一整晚沒睡，一定會被罵。

　　我們的效率很高，第二天在考場，家長們都拿到解答手冊，這是很好的宣傳。還有一點，考場的主辦單位，校方也對我們的印象很好，因為那些散張的，有的人看完就隨地亂丟，製造了一地垃圾；整本的話，他們就會帶回家，不會製造髒亂。

給他肉吃變猛虎　只給草吃扮綿羊

　　另外，我給錢也給得乾脆大方。我曾經創造一個紀錄，一個印講義的工友，年終獎金拿到十萬。這位工友還有一個來歷，他的母親是宜中校長的傭人，那時校長是楊壽喬，有一天楊校長跟我說：「林老師，我們明麗的兒子，蘇澳水產學校畢業沒有工作，你人際關係那麼好，能不能幫他安排一個工作？譬如縣政府。」那時陳定南還在當縣長，我去問定南，定南是不接受請託的，他也知道我不是去請託他，我只是把這個情況告訴他。定南說：「蘇

水畢業，他有去考試嗎？」我說：「沒有。」他說：「沒有經過考試是沒有辦法任用的，只有工友可以，不過現在也沒有工友缺。如果一定要幫他的忙，唯一一個可能，就是各單位可以用節省下來的業務費雇用一個臨時人員，不過待遇很差。」我就去問收發室主任何麗玉，她和我的交情很好，我問她那裡有沒有缺人？她說：「如果是這個情形，我這邊可以雇用一個跑腿的，負責送公文，寄信件，但薪水很少，一個月只有六千元。」我說：「好，我回去問問看他要不要？」他說：「好。」就去了。

　　一年之後，何麗玉主任來跟我求援說：「老師啊！你介紹的那個孩子，很好用，很勤奮又很老實，忽然間他說不做了，沒有他的幫忙，我們會很痛苦。」我就去找孩子的母親，他的母親說：「一個月薪水只有六千元，將來要怎麼娶老婆？他想要去台北找工作。」我心想，去台北也不見得能找到好工作，蘇水畢業而已，能找什麼好工作？加上租房子和生活開銷……我說：「要不然來我的補習班工作，我給他一萬二的薪水，負責印講義。」他當然很樂意，多了一倍的薪水。

　　年終時，我給他十萬元獎金。那時的薪資沒有存入銀行戶頭，都要領現金，我的會計還要請人保護，派專車去台銀領錢，一次領七百多萬元現金出來，要帶布袋去裝。那是一九八八年左右，我們的總主任，年終可以領到二十幾萬元，而印講義的工友可以拿到十萬元的獎金，沒

有人會有意見。

　　我剛回來宜蘭高中服務時，當時的魏景嶷校長一口氣將宜中念師大的九位校友全部聘請回來，集體給我們訓話，因為我們都是他的學生，他說：「你們年輕人要記住，吃虧就是占便宜。」後來我們私底下聊天時，常常會拿這句話當笑話說：「吃虧就是吃虧，怎麼可能吃虧就是占便宜，這是什麼邏輯嘛？」

　　我告訴大家，那位工友的表現，讓我領會到校長的智慧，因為他來這裡，除了印講義之外，其他雜七雜八的事情，任何一位同事叫他去做，他沒有第二句話，都是全力以赴，大家對他很稱讚。這就是「你給他肉吃，他會變

宜蘭補習班大樓於一九九七年五月落成

成一隻猛虎，你給他吃草的話，他只會扮演一隻綿羊。」
這就是，該大方的時候就要大方。像這種特別獎勵，我會
知會另外三位股東，他們也都認同。

我們每年會有股東盈餘的分配，但不會全部拿去分
配。我會提計劃，提撥多少百分比作為盈餘的分配，其餘
的保留，準備將來擴充設備，或者是增建班舍。所以也才
能一步一步擴展，羅東蓋了兩棟大樓，接著在宜蘭這裡又
蓋一棟。

爭地盤衝突不斷　看星空希望無窮

某次教育局在文化中心召開全縣的補習班班主任會
議時，會場氣氛火爆，砲聲隆隆。

有人質問主持會議的主任督學，沒有立案的地下補
習班到處都是，叫我們合法補習班怎麼生存？有人問教育
局，到底要不要取締？敢不敢取締？

主任督學無力招架，對我喊話說：「林老師，你是
補教界的龍頭老大，今天為什麼都不發言？」

我說：「我從十二個學生發展到五千多人，一直堅
持一個理念，就是～辦得好，拿棍子打學生也不會跑；辦
得不好，抬轎也請不來。所以我們這些有執照的補習班要
努力擦亮招牌，把那些未立案的補習班比下去。我們的生
存要靠自己努力，不是靠教育局來照顧，否則教育局寧願

看我們關門倒閉，也不願挨罵受氣！」

風吹不動天邊月　雪壓難摧澗底松

教育事業應以崇高的理想，爭取社會的認同；以唐三藏帶領孫悟空去西天取經的精神，感化貪玩的學生。

當我們在考場上忙著為學生擦汗打氣、解答試題的時候，「台北的補習班」卻忙於印發黑函汙染蘭陽子弟的心靈。

其實補教界的激烈競爭，並不止於有執照者檢舉未立案的補習班而已。在台北市南陽街盛極一時比鄰而立的大型補習班，更跨足越界到宜蘭來招生。但因鞭長莫及，便直接到宜蘭、羅東另立門戶，宣揚他們灌水造假的升學率之外，更以造謠中傷為手段來挖我牆角。所以有人說，台北補教界風紀之敗壞實在有辱師道，不容坐視。

數以萬計的蘭陽子弟，何其幸運，多年來沐浴在「慧燈」的這一股清流中，開創了錦繡前程，連他們的第二代也陸續回到「老爸老媽的母校」接受洗禮。

在正不畏邪的鐵律下，任憑狂風吹襲，慧燈就像天邊的明月皎潔亮麗，像澗底的老松蒼勁英挺！

私立國中　全台首創

優美環境設學校　載得滿車花香歸

　　我四十幾歲時還接到教育召集令，國民黨政府很看得起我，一般教育召集要一個月的時間，阿兵哥是三個禮拜，因為我是軍官，要四個禮拜，等於一個月。

　　我帶兵去宜蘭枕頭山打野外，有去過慧燈中學的人都知道，那裡的環境很優美，都是水果園。我發現這個地方很適合設立學校。

　　有一次林忠勝夫婦回來宜蘭，我就載他們去那裡玩，我跟他們說：「這個地方蓋學校很好。」我在林忠勝

從枕頭山上鳥瞰慧燈中學全景

紀念專刊那篇文章裡有提到，林忠勝的太太君瑩姊在回程中詩心大發，竟然吟出「載得滿車花香歸」的佳句。確實是，柚子在開花時，真的很香，我說：「我們來這裡設立學校。」他們說：「好，要先買地！」

一九八九年，我買到慧燈中學的第一塊土地（但不是用我的名字）。因為買土地有個限制，那時還沒有開放農地可以自由買賣，必須要有自耕農的資格才可以買農地。我在一九八九年申請退休，但是宜中校長不讓我走。

西裝筆挺自耕農　諸般武藝皆精通

我被廖校長多留了一年，一九九○年才正式退休。此時，我就趕緊去戶政事務所，將身分證的職業欄改成自耕農。

市公所的主管打電話給我，他說：「林老師，拜託你不要害我啦，你西裝筆挺的人，你哪像是自耕農？」我說：「你知道嗎？我是最道地的農民，這樣子好了，你去找五位或十位農民來跟我比功夫，我十八般武藝樣樣精通。」這些人大概都認識我，他也就拿我沒辦法。

買土地也要展開老師對學生循循善誘的那一套。如果要蓋學校，一定要取得一塊完整的土地，農地因為分割，所以一份一份的分屬不同人，當中如果有一塊不願賣給我們，就不用玩了。一九八九年我從東邊開始買到第一

塊土地，是用我大哥的名義，七十九年有自耕農的身分以後，就用我自己的名字買。

在果園裡我扮演起果農的角色，剪枝、除草樣樣來。對我來說，我的目的是要取得建校的土地，水果收成其實並不重要。但在我的勤奮照顧下，柳丁長得結實累累，於是，我到處放風聲，跟朋友們說：「來喔，要吃柳丁的，就自己來摘，雖然沒有長得很漂亮，但是每顆都很甜。」曾經有朋友來裝了好幾布袋，把車子的後車廂都壓壞了。當時靠大片的果園幫我做了很多公關。

我在那裡和相鄰的歐吉桑一起割草、喝茶聊天，有時就有意無意地問歐吉桑：「歐吉桑，你年紀也不小了，天氣這麼熱，怎麼不曾看過年輕人來幫你做事？」他說：「少年仔哪肯做這種苦工？」我說：「這樣繼續做下去，也不是辦法，我看這樣吧，現在銀行的存款利率滿高的，你乾脆把地賣給我，我算給你聽，假使你把賣地的錢存進銀行，那些利息比你種這些柳丁的收入還要高。」他聽一聽也覺得頗有道理。他的女婿剛好在當代書，他說給女婿聽，女婿也贊成。女婿也清楚土地行情，要賣我多少才划算，就這樣又讓我買到一份土地。

我們整個校地面積是六公頃，一份一區就是一甲地，就這樣一份一份陸續買了進來。

我一共用五年的時間，才把所有土地買好，我也在那裡扮演了五年的果農，都不敢讓人家知道我想要蓋學

校。如果土地還沒有全部取得，就透露風聲，有可能就會前功盡棄了；因為人家一定會加倍抬高地價，到頭來就很吃力了。

籌備設校很繁瑣　交遊廣闊貴人多

我到一九九四年買好六公頃土地之後，才去找游錫堃縣長，我跟他說：「我想要蓋學校。」他問：「你要設什麼學校？」我說：「設立國中。」他說：「不要啦！來設高中啦！我們宜蘭欠一所高中。」我說：「現在教育部宣布，國中可以設立私立學校，我要從國中設立起。」

於是我就開始展開設校的籌備工作。

這個不簡單，手續很繁瑣，我原先買的那些土地也沒有用我的名字，都是分開用別人的名字。因為成立財團法人，要捐獻出來，我的交遊廣闊，要找這些朋友也不困難，甚至後來連監察委員趙昌平也被拉來。因為我找到其中一位建設公司董事長許祈財入夥，趙昌平曾經當過宜蘭地檢署檢察長，他和許祈財很要好。那時為了讓申請學校的手續比較好過關，找了一些「大人」來一起參與，許祈財就去找趙昌平來列名，擔任捐助人。不過在申報時，我跟許祈財說：「我覺得不妥，我們不要害人家，這以後會被抓包。趙昌平是礙於人情，不好意思拒絕你，還是不要麻煩人家好。」

申請學校的過程，都是我去跑流程，畢竟我是教育系出身，教育廳那裡有我們的人。像林昭賢，和我是師大教育系同班同學，他曾經當過教育廳副廳長，當時是教育部次長；種種設立學校必須具備的條件，有他指導和協助就順利多了。

慧燈中學申請設校的手續完成之後，我們立即展開整地和興建校舍的工作。首先委請專家設計校舍配置圖和立體模型，再聘請曾參與宜蘭縣政中心設計的淡江建築系系主任劉明國建築師來設計，他是留日的名師，格調很高又有創意。

地下一層設有透天窗，兼具採光和通風的功能。工程施作方面，鑑於許多學校常因包商壓低價格競標而偷工減料，甚至工程進行到一半倒閉跑路留下爛攤子的，難以善後！因此，我們找了曾經承造慧燈補習班三棟大樓的包商來議價，而且開出優渥條件：工程款跟著工程進度給。包商品質保證，我們付錢爽快，所以進行得很快，效率超高。一九九六年七月一日動工，隔年五月二十日就舉辦竣工典禮，隨即展開招生工作。

首先從國中部開始招生。第一屆招收八班共四百名學生，迅速額滿，採取全部住校制度。開學的第一週開放家長到宿舍安撫孩子，我也會每晚過去關心；我發現外縣市來的孩子知道父母不太可能來探望，多半很認份也能夠適應，反倒是本地孩子有比較多的情緒。我曾遇到一個男

慧燈中學校園一景

一九九六年慧燈中學校舍動土典禮，左一林光義、左二林義雄、左五游錫堃，右三陳定南、右四林昭賢、右五林忠勝。

生抱著媽媽哭，我問：「你家住哪裡？」媽媽回答：「就
在校門口附近。」我說：「這樣妳可以帶回去住在家裡，
反正我們這裡又不是軍隊，沒關係。」沒想到媽媽的回答
竟然是：「我就是怕他將來當兵的時候不能適應，所以選
擇住宿來訓練他，免得當兵的時候還要操心！」

動土典禮三位共同創辦人合影留念，左起林光義、林忠勝、許祈財。

　　為恐新聘教師不夠適任，我們特別從補習班調撥一批有經驗、有愛心、有熱忱的老師做班底，來帶領新聘教師培養其敬業精神，所以很快就建立口碑，贏得家長信任。三年後，緊接著成立高中部。在少子化的效應未發生前，全校學生曾多達兩千四百人，成為宜蘭縣學生最多的中等學校，而來自外縣市的學生就占了百分之八十。

　　高中部成立的時候，曾有宜蘭高中校友問我：「你一生對母校宜蘭高中努力付出和奉獻不遺餘力，今後面對招生的競爭，你要挺哪一邊？」我說：「宜中是我的母親，慧燈是我的孩子，我會讓母親安享身邊的資源，教孩子到外地去討生活；所以孩子很爭氣，百分之八十是去外

一九九八年教育廳長陳英豪（中立者）蒞校視察，右一為時任慧燈中學校長黃福。

地賺來的,百分之二十是奶奶的愛心賞賜,和樂融融、幸福美滿,不用我操心!」

　　值得一提的是:在申請設校的時候,我本決定以林忠勝為創辦人,但他因有任務在身,大半時間須滯留美國,而申辦程序很繁瑣,須隨時應官方通知前往報告說明,承辦人建議我可同時由幾個人為共同創辦人,方便隨時應付相關機構的傳喚。所以我就找來人脈廣闊的許祈財,和林忠勝與我三人共同列名為創辦人。推選董事長的時候,雖然意見分歧,我仍力挺林忠勝擔任。

第 四 章

宜蘭青天　終身摯友

宜中學弟陳定南　相知相惜師兄弟

我和陳定南在一起大半輩子，鮮少和他一起照過相。某天去台北參加街頭遊行（不記得是什麼活動），當時他任職法務部長，結束時約好到部長宿舍吃飯。用餐時，我跟他太太說：「你老公下禮拜可不可以借我一天？」她問我：「要做什麼？」我說：「一路上大家爭著要跟他拍照，我一個收一百元，就發財了。」

陳定南是宜蘭高中差我兩屆的學弟。當年在宜中，如果只差一屆，還有可能會認識，差兩屆就比較沒機會認識了；直到一九七八年，我才第一次和陳定南見面。那年的暑假，有一天晚上，我接到一通電話，要我去今日餐廳，和杜顯揚老師一起吃飯；杜老師是湖北人，我的國文老師，教到我畢業後，再來高二帶陳定南他們那個班。

我到了餐廳才知道，原來是陳定南他們那一班的同學會；一張大餐桌坐了大約十五人左右。聯絡我的人叫楊景旭，他一一介紹在座同學讓我認識，介紹到陳定南時，他特別補充說：「我們這次要籌募杜老師的生活基金四十萬元，結果只有募到二十萬，還差二十萬，就是這位陳定南一手補足的。」

在那時，二十萬元在宜蘭已經可以買一間房子了，這是很大手筆。

　　陳定南客氣地解釋說：「我只是先墊出來，還會繼續跟同學募款，說不定到最後我連一毛錢都不用出。」

　　那晚散會之後，陳定南問我：「可不可以搭你的便車？」那個年代很少人買得起轎車，我騎一部速克達就很跩了，我說：「當然可以。」

　　他要我載他到南門水利會那裡搭巴士，途中他問我：「這時候搭巴士到羅東要轉車到大洲，不曉得還有沒有車班？」陳定南的老家在大洲，也是現在紀念館所在地。我知道那麼晚了，鄉下地方應該已經沒有公車，但是這讓我印象很深刻；我心想，你支援老師二十萬元都花得下去，叫一輛計程車到大洲，頂多三十元就解決了，捨不得花，還要擔心有沒有車班？！

　　所以這件事給我很深刻的印象，就是「這個人能人所不能」，必非池中物！待人慷慨、自奉儉約，了不起！

　　那一晚為什麼他們會找我去？原來是杜老師跟他們說：「其實我生活發生問題時，你們有一個學長林光義一直都在照顧我。」我記得杜老師是一九七三年左右退休，那時候退休沒有十八％優遇，他只領到八萬元，一次領的。聽說那筆退休金被他的姪子借去做生意虧掉了。我知道杜老師的困難時，就每個月送三千元的生活費給他，雖然後來陳定南他們加入支援，我仍然沒有停止，而且每年調高一千元；到一九八七年杜老師要回大陸時，已增加到每月一萬三千元了。他很節儉，在宜中校區旁邊和他的養

一九七九年新居落成，蒙杜老師題贈對聯，合影留念。

女合買了一間房子；杜老師在中國有結婚，來台灣又再娶，但是沒有生小孩，認養一名養女。

陳定南他們為何會設定四十萬元作為杜老師的生活基金？因為那時定存年息有十％，把四十萬元存在銀行，杜老師每個月就可以領三千元利息，支付他的生活開銷。

這是我和陳定南第一次結緣，而且是結了一個善緣。之後直到一九八一年七月，國民黨提名李讚成選縣長。

李讚成是早我一屆的宜中校友，和陳定南一樣都是三星鄉人。我和李讚成比較熟。一九八一年九月，我們在龍潭舊台化廠的禮堂舉辦「施覺民教官逝世三週年」追思紀念會，那天陳定南比較晚到，一看到我就問：「你有看到李讚成嗎？」我說：「有啊，他很早就來了，上個香就離開了，你要找他做什麼？」他說：「我要跟他說，我要跟他競選縣長。」我說：「你本來不是要選省議員嗎？李讚成知名度那麼高，又沒有人認識你，你要怎麼和他選？」

陳定南聽了沒生氣，只回答我說：「沒辦法啊，游錫堃和張川田兩個都堅持要選省議員，我再撩下去就不用玩了，不過這次的縣長選舉，假使我選輸了，也是宜蘭縣有史以來，最激烈的一次競爭！」語氣非常堅定且充滿自信。

縣長選舉大黑馬　改變宜蘭人命運

　　一個禮拜之後，有一天晚上我去看杜老師，我才剛到不久，陳定南也來了，他和杜老師寒暄幾句之後，就把目標對準我了，對我發表他的治縣理念。

　　那完全是巧遇，事先並沒有約好。你知道他講了多久？從晚上九點講到十二點，整整說了三個鐘頭，老師不曉得倒在沙發上睡了多久。我還記得，我們兩人同時豎起食指比著嘴唇，意思就是不要把老師吵醒，悄悄地出門把老師家的門輕輕關上，就各自回家了。

　　回家的途中我就在想，這個人怎麼那麼厲害，都沒有看稿，遇到我就可以發表政見。別人發表政見最少是面對幾百人，甚至幾千人；對我一個人，他也那麼有耐心，從頭說到尾，講得條理井然，眉目分明，都沒有跳針。事後回想，我也挺有水準，這樣的議題，我竟能坐在那裡聽三個鐘頭，都沒有打盹。我又想起李讚成，他來找過我三趟，除了拜託，還是拜託，言不及義。

　　所以第二天一早起來，我就跟我太太說：「我要去台北。」她說：「也沒聽你說，怎麼匆匆忙忙地要去台北做什麼？」我說：「沒時間跟你解釋了，我火車快趕不上了，就衝出去。」結果一到宜蘭火車站，買不到車票，星期天嘛！我就花了二百元，包了一輛計程車，走北宜公

路，直奔台北新公園。

　　我來到新公園，現在的二二八公園，在那裡打公用電話。我將那些到台北發展的同窗好友都找來，也包括我的創業夥伴李正雄、林忠勝，他們兩人都住在台北，還有一位張恒夫，他在銀行當經理，以及師大英語系系主任黃燦遂等人。總之，我找了一大群人過來，他們來到新公園，很訝異地說：「你一大早來這裡，找那麼多人來是要反攻大陸嗎？」我說：「我要跟你們說，我發現一位可以改變宜蘭人命運的人。」大家都很好奇地問是誰？我說：「陳定南。」他們說：「沒聽過。」我說：「我也是昨天晚上才發現，我們大家來挺他！」

　　我們是公教人員，更何況那時還是白色恐怖時代，要撩下去挺黨外，要冒很大的風險。因為競選總部我們都不能去，也不敢去，就這樣，很刺激。這群人被我說服了，大家決定撩落去，我就開始和陳定南聯絡。其實我那時連定南的電話也不知道，平常也沒有往來，後來輾轉問到他的電話，我跟他說：「我有找到一群朋友，要和你見面。」

　　我記得第一次是林忠勝從台北開車回到宜蘭，我和陳定南約好在羅東公正路和天津路口見面。那時候的時間比較好約，因為車少，現在紅燈多，車又多，就不好抓時間。我跟陳定南說好車牌號碼，很自然地時間一到他就走過來，我將車門打開，他就上來了，第一次我拿十萬元贊

助。陳定南的總部設在羅東，現在的倉前路，目前是同仁堂醫院的現址，就這樣展開一場「素人選戰」。

文宣挑戰李讚成　你贊成我不贊成

那時候都是十二月投票。對手叫做李讚成，我們的選舉文宣大標題就寫，「你讚成，我們不贊成」。當時國民黨籍的縣長李鳳鳴，風評欠佳。我們的文宣條列：「我們不贊成縣長炒地皮，我們不贊成縣長收紅包，我們不贊成……，我們不贊成……」，剛好用「贊成」那兩個字，加上陳定南長得英俊，其實李讚成的身材比較高大，也長得很體面，但是上了政見台，一辯論，口才就被陳定南比了下來。

陳定南的口才很好，腦筋反應又快，加上他擅長引用一些台灣俗諺和民間俚

一九八一年宜蘭縣長選舉，黨外候選人陳定南文宣。

一九八一年十二月廿日，陳定南宣誓就職宜蘭縣長。

語，流暢的台語風靡了無數的男女老幼，他去到哪裡，民
眾就跟到哪裡。每到一個地方演講都造成轟動，萬人空
巷！於是三十年一黨專政的局面，就這樣翻盤了。

懲處空汙有妙招　重光碧泉見青天

　　陳定南一上任，就雷厲風行，立刻整肅吏治，縣政
府裡那些會收紅包的，會向民眾刁難的，個個戒慎恐懼，
唯恐飯碗不保；他的施政風格令人耳目一新。

　　有一天，他去冬山鄉參加村民大會散場後，發現他
的座車本來是黑色的，怎麼變成白色了？他用手往車身一

抹，上面卡了一層石灰。因為從蘇澳到冬山之間，有五家水泥廠，以前水泥廠的石灰都是自己磨的，沒有做防治汙染設施，我記得，那時候騎機車到南方澳，經過冬山地區，就要加足馬力衝過去，因為漫天灰濛濛的，樹葉上也都卡了一層石灰，早晨結露水，好像洋芋片一樣。

陳定南回到縣政府，立刻召見衛生局長，那時候還沒有環保局。他找衛生局長來問：「冬山、蘇澳的水泥廠汙染那麼嚴重，你怎麼都不管？」，局長說：「報告縣長，這個我也沒有辦法啦！」「什麼沒辦法，你給我請一批人來，二十四小時監測，怎麼會沒辦法？」局長說：「沒有預算，要怎麼僱用人？」陳定南說：「這個你不用管，我只要你去找十八個人來就好。」我記得那時僱用了十八個人，五間水泥廠，三班制十五個人就可以了，可能還有候補的等等，三班制二十四小時監控，一次違規超標罰六萬元。結果不到一年，武荖坑的水清了，冬山鄉的天空也再現青天了，那些罰款用來支付監測員的薪水綽綽有餘。

有一天，他路過我家，順便進來跟我打個招呼，我說：「對不起，一定讓你聞到臭味了；我前面的這塊空地被鄰居亂倒垃圾，我決定要築圍牆。」他說：「圍牆會對人造成視覺侵害，你花個小錢請園藝工人來幫你整理一下，草皮種起來栽幾棵樹，把花種下去，他們的垃圾就倒不下去了。」

　　我就照他的辦法去做。

　　面積有四十幾坪，一做好，鄰居經過那裡，就跟我說：「林老師啊！你這公園做得好漂亮，要不要收費？」我就邊開玩笑說：「如果來這裡談戀愛，就要收費。」後來真的沒有人來這裡倒垃圾了。我自己戲稱是我們林家的「森林公園」，因為我在那裡種了好幾棵肖楠，後來養活了兩棵，現在有四、五層樓高。

　　這些年來，常陪朋友到冬山河親水公園或羅東運動公園遊玩，朋友總會問我：這麼大的地方，竟看不到一點紙屑，是怎麼辦到的？我回答說：「面對這麼美的環境，你的紙屑丟得下去嗎？」

一九九〇年代與師大五三級同學於冬山河親水公園合影

陳定南就是用高品質的公共設施來提升公民的文化素養。

取締開發山坡地　大水沖倒龍王廟

陳定南擔任縣長之後都是他來找我，我只找過他一次。那一次，我很漏氣！因為他一上任就取締山坡地的開發和濫墾，第一件就碰到他的同班好友，已經投入大筆資金進行到一半的工程……我看不過去，就貿然去找他說：「大水沖倒龍王廟啦，您取締的第一件案子，業主是你的同班好友ＸＸＸ，這下子他虧慘了。」他鄭重回答說：「我是『就事論事』處理，我不會去問那是誰的。更何況，如果是因為遇到我的同窗好友，我就不敢堅持的話，那我什麼事都不用做了。」還回問我一句：「你知道嗎？這對人民的性命安全會造成多大的危害？」我無話可說，黯然離開。

很快地，就應驗了陳定南的堅持是對的。

宜蘭多雨，颱風也多。每次颱風豪雨，電視播報很多縣市都有土石流災害，令人怵目驚心，幸好，宜蘭都是安然無恙。所以街頭巷尾就有人在傳頌：現在才知道陳定南的遠見，我們宜蘭都沒事。

現在來宜蘭參觀陳定南紀念館的訪客，我都會帶他們到三樓陽台看我們三面環山的宜蘭縣，整片山坡都是一

片翠綠，都沒有被破壞，這就是陳定南的遠見。如果去別的縣市，尤其是西部縣市，坐在車裡往兩邊望去，看到的每一座山都是瘡疤處處，不堪入目。

取消議員私房錢　面對反彈無畏懼

台灣各縣市一直以來都有一個不成文的慣例，就是每年都要編列鉅額預算，平均分給每一位議員作為經營選區之用。美其名為「地方基層建設配合款」，議員可以自由使用，只要巧立名目拿單據報銷就好了。

陳定南認為這是濫用職權，變相分贓的惡質政治文化，所以他上任之後，地方建設配合款就全部取消了。這些議員會不會抓狂？所以他當縣長，非常難做就是這個原因。

宜蘭縣議會三十三位議員，國民黨占廿九位，開會總質詢時照三餐罵。有的民眾看不下去了，就會吐槽那些議員：「你知道嗎？你們每罵一次要付出多少代價？罵一次要三十萬元。」議會四年才開幾次會，議員只有開會時才有機會罵他。

曾經有一次我問他：「每次讓議員這樣照三餐罵，你撐得下去嗎？」他說：「我也不是都不回嘴，有時候他們太無理，也會被我反唇相譏，記者都在看，也會登出來。他們要罵也要有點節制，有時候罵得太過分沒完沒

了，我也會回頭看一下議長，跟議長使個眼色，請他約束一下。」

政壇骯髒萌退意　承擔責任不規避

說到陳定南差一點沒有連任是怎樣呢？一九八五年就要競選連任了，有一天陳定南竟然跟我說：「我不知道政治這麼骯髒，我不要選了。」我說：「你這件事有跟別人說過嗎？」他說：「沒有，你是第一個。」我說：「幸好，你如果跟別人說過就來不及了。以我當老師的觀念，你就像一個很努力讀書，很優秀的學生，你不參加期末考，就沒辦法畢業，你非選不可。你這些重大的建設和計畫都還在進行中，如果不競選連任就功虧一簣，你將來就沒有成績單，簡單說一句，這是責任不是權利；權利可以拋棄，責任不容迴避，你非選不可！」他無話可說。

他這個人，如果對你說的話不做任何回應，就表示他接受你的意見了。

陳定南為何會不想競選連任了？因為要競選連任那一年，國民黨那些議員，還有那些意見領袖，被他得罪過的人，把空氣都放出來了，「這個人啊，沒血沒淚啊！六親不認啦！沒有人要投給他啦！他選不上啦！」這種話聽了會讓人很不舒服，被批評得體無完膚，感覺眾叛親離。

登記日結束的前一天，下著毛毛雨，天都已經黑

了，他又來找我，「你晚上可以和我一起去台北嗎？」我說：「要做什麼？」「縣長選舉登記，明天是最後一天，我政見都還沒有寫。」我故意虧他一句：「你不是說不選了！？」他沒有回我，直接告訴我原因：「國民黨為了選舉，要招待村里長去參觀軍事建設，這個大拜拜，宜蘭排在明天，我要帶全縣二百六十幾位村里長去參觀軍事建設，明天一早六點半就要從台北出發。今天晚上大家都要去住台北，明天是縣長選舉登記最後一天，我的政見都還沒寫，你和我一起去台北，我們去那裡寫。」

晚上他絕對不用公家的車，他一下班，就讓那輛公務車和司機休息了，所以我就請我的學生郭朝安幫我開車。這個郭朝安是英語系畢業，也當老師，很聰明，很好配合。那時候我們到台北都是走北宜公路（濱海公路比較遠），那一晚我們去住林忠勝的家。林忠勝因為在美國作口述歷史，都是台灣、美國來來去去各住三個月。他要去美國時，就會把鑰匙交給我，要我三不五時去巡一下他台北的房子，所以我就帶陳定南去住林忠勝家。

那一晚到林忠勝家已經九點多，他又說喉嚨有點痛，可能是感冒了。我就聯絡李正雄說：「台北我不熟，這個給你處理。」李正雄說：「帶他去陳明豐那裡好了。」我才想到，陳明豐是我們的學生，後來當了台大醫院院長，我說：「明豐，你這心臟科醫師，會治感冒嗎？」陳明豐說：「老師不要緊，我有感冒藥。」

去給陳明豐看完回來就十點多了，我說：「好了好了，要開始了，你念我來寫……」，寫好已經半夜一點多快要兩點了。我說：「你學問那麼好，要做的事情那麼多，規定六百字而已，你念的有一千二百字，剛好多一倍，這樣好了，你先去睡，明天早上六點以前就要起床了，這份政見就授權給我和郭朝安兩人慢慢修改，刪到六百字。」也是因為感冒，他就乖乖配合去睡覺了。我和郭朝安兩人弄到四點多才解決，我又再打個電話給李正雄，我說：「你等一下不可以超過六點，要打這支電話Morning call，要不然這個人明天會來不及。」交代好了，我和郭朝安才回宜蘭。

回到宜蘭已經七點多了，我們連吃早餐都來不及。我還要去宜中上課，我就拿去書店，那時影印機還不是那麼普遍，請書店老闆影印備份幾份起來，然後拿去縣長官邸給縣長夫人，請她代替先生去縣政府選委會登記，要不然這次的縣長就不用選了……就這樣過了一關。

連夜疾書告御狀　光復宜蘭夢一場

國民黨揚言要誓死光復宜蘭，那時推出重量級的將軍許歷農來這裡督導。許歷農是情治頭子，來宜蘭時大象過河，無所不用其極，請客辦活動送禮，什麼事都敢做，調查站警方都是他們的人，不會取締，也不會檢舉，更不

會抓他們。

那一年是十一月十六日要投票，十一月九日、十日那兩天，我們在總部開會，看到那個情形，大家都有一個共識，情勢繼續這樣演變下去，我們如果沒有輸，也會發生暴動。國民黨無法無天亂搞，怎麼辦？只有一個辦法，就是寫信給蔣經國。大家都說：「這件事只有光義有辦法。」

第二天，十一月十日，總部就在催我，問我信寫好了沒？我說：「我還在思考，還沒有動筆。」直到那晚，我還沒辦法寫，跑去礁溪聽完公辦政見會回來之後才開始動筆。因為十一月十六日要投票，十一月十二日是「孫中山誕辰紀念日」放假，這封信一定要趕在十一月十一日送進總統府。我們設定好由陳定南的太太張昭義送去。那一晚總部一直催，寫毛筆字的人也在一旁等，我只要靈感一來，寫文章就很快。我聽完政見，十點多回來，十二點就趕出來了。

因為是要送給蔣經國的信，要隆重一點，我寫好稿之後還要用毛筆謄寫一遍，寫書法的人每寫出來一張，我就要當場校對，錯一個字就要重來。就這樣寫到天亮，我那一晚都沒睡，寫了六張信紙。這封信現在陳列在紀念館展出。

我的文稿在縣長官邸寫出來之後，拿給陳定南看，他一個字也沒有改，只說了一句話：「中壢事件這四個字

不可以用，這會踩到蔣經國的痛腳。」他的政治嗅覺很敏銳，我也不是省油的燈，就把中壢事件這四個字改成往事歷歷。本來我是寫「中壢事件，殷鑑不遠」，就改成「往事歷歷，殷鑑不遠」，其實中壢事件和往事歷歷，沒什麼差別，蔣經國看得懂。

　　十一月十一日把信送去，十二日雖然是國定假日，在大同鄉公所還是舉辦了一場公辦政見會，我也趕去聽，陳定南講完下來之後就馬上來找我，他說那封信總統已經看到了。我說：「你怎麼知道？」他說：「早上總統府的電話追到大同鄉公所來，電話裡說：『總統看到你的信，總統說你做得很好，你擔心的事情不會發生，你繼續努力。』」

　　果真是這樣！從那一天之後，國民黨偃旗息鼓，整個安靜下來，許歷農也消失了，沒有聲音。那一封給蔣經國總統的公開信，縣長夫人張昭義拿進去總統府之後，第二天全面散發，大家都搶著要蒐集那一份文宣。宜中就有同事在辦公室說：「這不曉得是哪個國文仙幫他寫的？」其實我幫陳定南寫了很多文章，我寫的每一篇文章的口氣，我和他如果不說，沒有人認得出來，因為百分之百絕對像陳定南的口氣，遣詞用字都很像。

　　陳定南連任的票數是十四萬票對六萬票，一面倒；得票率是七比三，創下台灣自治史以來破天荒的紀錄，不過這個記錄後來被賴清德打破了，賴清德在台南市競選連

任時,得到七二‧九％的選票。

　　賴清德也是繼陳定南後取消議員「私房錢」政策的第二位!三十年後,賴清德第一次當選台南市長時,也砍掉這筆預算。當時台南市議會和他僵持四個月沒開議,台北的政壇大老,多人南下想要說服賴清德。最後他們提出妥協方案,從一千五百萬元降到一千二百萬元,不過賴清德很堅持,一毛錢也不給。他說:台南市有五十六個議員,一個人拿一千五百萬元就八億多元了,這筆錢可以拿來改善台南市淹水的問題,賴清德說了一句話:「這種惡質的政治文化必須連根剷除。」當時很多人擔心賴清德這個市長做不下去,後來是議員們投降了。因為鬧久了,民眾也看不下去,開始會去釘議員,議員就不敢講話了,杯葛的聲音就不見了。

對手文宣出賤招　恩師親筆討公道

　　陳定南競選連任那場選舉,還有一樁值得一提的事。

　　陳定南很喜歡養狗,縣長官邸養了一隻狼犬,很大隻,那時《聯合報》駐宜蘭特派記者趙奇濤,他黏縣長黏得很緊,陳定南也不設防,兩個人感情也很好。有一天趙奇濤把那隻狗的照片刊登在《聯合報》上,介紹陳縣長很喜歡養狗,還附帶說,光是這隻狗,一個月飼料費就要吃

掉一萬多元。那時代的一萬元很大，這變成了新聞，大家
也很好奇，縣長養那麼大隻的狗，還給牠吃那麼好。但也
只是這樣，沒什麼。

　　隔了一段時間，趙奇濤做了一篇深入報導，刊登一
張陳定南外婆在井邊洗衣服的照片，文章敘述陳定南的外
婆孤家寡人一個，也不要人家去照顧她，很獨立，年紀很
大了，一般人看了這篇報導也沒有特別去留意什麼。

　　到了選舉時，對手的第一波文宣就拷貝《聯合報》
這兩張照片，狗和外婆的照片。用了幾個簡單的標題，對
照這隻狗一個月吃一萬多元；外婆住在靠海的五結鄉是一
級貧民。對手用幾句簡單的話，說陳定南這個人六親不
認，沒血沒淚。

　　那份文宣的殺傷力非常大，那天傍晚我下課回來，
看到那份文宣，真的火冒三丈，我就上樓開始寫一篇回應
的文章。我還記得太太一直叫我下樓吃飯，我都不理她，
問我為了什麼事，臉那麼臭？我說：「沒時間和妳說，我
要出去了。」

　　我將車子開去聖母醫院，那時杜老師正在羅東聖母
醫院住院，之前陳定南就有跟我說，杜老師身體不好，他
送杜老師去住院，如果我有時間，要我去關照一下。陳定
南跟我說完這件事，我還沒去看杜老師，隔天《聯合報》
就登出一篇很大篇的報導，對手林建榮在醫院餵杜老師吃
稀飯。

　　「餵稀飯」的新聞刊得很大，這又襯托出陳定南又輸了一場，所以我看到對手那份文宣，我打定主意要趕快採取行動。那晚我寫好文章之後，也沒吃晚餐，太太囉嗦，我也不理她，趕去聖母醫院看杜老師，問他身體狀況有沒有好一點？他說：「有啦！好多了。」我沒有提起那些有的沒的事情，我說：「今晚我帶老師出去透透氣好了。」他說：「好啊！」他問去哪裡？我說：「去聽政見發表會，兩個都是你的學生，你不是都很關心嗎？」他說：「是是是，好好好。」

　　車子載他到蘭陽大橋時，我說：「老師，我改變主意了，我想今晚我們還有一件更重要的事要做，不要去聽政見發表會了。」他說：「什麼事？」我說：「等下再讓你看一樣東西。」我直接載他到嵐峰路，我的學生郭朝安在那裡蓋了一棟別墅，很漂亮，才剛搬進去住不久，我直接載杜老師去那裡。

　　郭朝安看到我載杜老師來，我說：「朝安，你家裡還有空房間吧！？」他說：「有有有。」我說：「杜老師今晚要住你這裡。」他說：「沒問題。」我說：「你去收拾一下。」我拿出對方的那份文宣給杜老師看，杜老師看了之後差點抓狂，大罵怎麼可以這樣汙衊陳定南，「來來來，你拿紙筆來，我來寫，我一定要寫一封信反擊他。」我說：「老師你不用忙了，我已經寫好了。現在你只要做一件事，把我寫的這篇文章，重新抄錄一遍，我要的是你

的筆跡。」

　　杜老師的筆跡大家都認得，再加上時間也不早了，杜老師寫字又很慢，我等到晚上十點多才看他寫完。因為林建榮繼陳定南之後，也是杜老師的學生，我們算是同門師兄弟，彼此感情不錯，所以我的那封信裡面，我僅僅只是陳述事實而已，並沒有批評林建榮；反倒是杜老師加了兩三句比較重的話，這部分我尊重杜老師。

　　杜老師寫好時，我也給郭朝安看一下，我跟他說：「今晚杜老師住在你這裡，你要做的事是，明天早上六點以前將杜老師送回聖母醫院，這件事不可以讓人家知道，然後把這篇回應信保管好，等我的電話。」那時的醫院病房管制不像現在那麼嚴格，病人被我偷載出來了，他們也不知道，早上六點以前值班的護士也還沒來上班。

　　第二天早上我就回宜中上課，中午回家吃飯時，我太太說：「縣長官邸那裡的人打了好幾通電話過來，急著要找你，你要不要過去看一下？」我不動聲色，照常吃我的飯，吃飽飯才過去縣長官邸。他們看到我，高興得不得了。我假裝不知道，問說：「什麼事情這麼急？」他們爭相要跟我報告這件事，還拿對手那份文宣給我看，我說好，我打個電話給郭朝安：「朝安，把昨晚杜老師寫的那篇文章拿過來。」拿來給他們看了後，大家很高興地說：「馬上拿去印，最少要印五萬張。」我說：「不用那麼多，宜蘭縣三萬張就夠了。」

當初對方那份文宣是放在信箱，挨家挨戶，全面散發。杜老師反制的那篇文章一寫好，我請他們馬上去印，印好之後，不分日夜，要搶時間，一家都不能漏掉，全面散發。

藍營以為撿到槍　反害林建榮遭殃

第二天晚上賴瑞鼎跑來我家，他也是我的學生，他是宜蘭高中的訓育組長，訓育組長要國民黨的才可以做。他說：「老師，晚上我要住在你家。」我問他為什麼，他說：「我來避難。」我問：「避什麼難？」他說：「老師，你不知道喔！國民黨的文宣組被杜老師那封信打倒了，現在大地震了。那些文宣組的都是台北派過來的，晚上都被趕回去台北了。現在他們那裡沒有人，四處在找做文宣的人，我家的電話也響個不停，我今天晚上不可以回去，我回去可能會被他們硬押過去。」這件事情就這樣化解了，等於倒打國民黨一耙。

在杜老師那封信裡有提到，「林建榮和陳定南都是我的學生，我一開始就告訴他們，要做君子之爭，不要互相傷害，沒有想到林建榮竟然出此下策，是可忍孰不可忍。」其實林建榮是老實人，國民黨文宣陷他於不義。

對於這一場選舉，陳定南早已感覺情勢不利，說他六親不認，沒血沒淚，被說得很難聽，都說他選不上，所

以我才跟他說：「你非選不可。」但是，他去登記參選之後，他也照常上班，都沒有去活動，我就調侃他：「你是怕被人家發動政變嗎？縣政府顧那麼緊。」他沉默不語，作息依舊如常，一直到選前十天，競選活動正式鳴槍開跑那天，他才請假。

　　我在競選總部不曾擔任任何職務，但是，在競選總部第一次開會的時候，我就跟陳定南說：「你不可以出去拜訪，你只要做一件事就好，你一天要演講兩場，早上準備你的講稿，下午一場，晚上一場，你的演講有賣點，如果去做拜訪，你就要輸了，因為你的時間已經不夠，你去三星拜訪，就沒辦法去壯圍拜訪，這樣會得罪壯圍的人，人家會認為你看不起他們那裡的人，這樣會擺不平，所以哪裡都不去。」結果競選總部的人把我罵得要死，「這個人會被光義害死，騙肖仔，不能出去拜訪，姿態擺那麼高，票在哪裡？」但是陳定南聽我的，因為我說得有道理。

　　還有第二點，我說：「這場選舉，你不要碰文宣，文宣交給我，我也只管兩件事，我管文宣和顧你，因為如果讓你碰文宣，這場選舉就不用選了。」因為陳定南這個人非常挑剔，如果是文宣組的文宣都要讓他過目，那些人會雞飛狗跳，沒辦法做；而我寫的文宣，他不會改，我說：「我看過就可以了。」這點他可以接受。我管文宣組，那些工作人員士氣大振，因為我不會為難他們。陳定

南第一次參選縣長時，曾經有二十萬份的文宣已經印好要拿出去發了，被他發現有一個瑕疵，馬上下令銷毀重印，下面的人全都傻眼。

　　每一天晚上政見發表會後，我會在台下等他，他演講完就會來找我，我會載他去李有恭耳鼻喉科清喉嚨。他這個人也不會用丹田發聲，一場演講講完，喉嚨就啞了，第二天就沒辦法再戰了。陳定南很合作，演講完就過來找我的車子，我就載他去李有恭那裡，這是我跟他特約的，所以李有恭會等我們過去，到那裡就會幫陳定南治療喉嚨再回家。

天作之合寫文章　曾經失去的樂園

　　我和陳定南的互動像是天作之合，我不是很鴨霸的人，但是只要我認定該怎麼做的時候，就會很強勢。他是很理性的一個人，例如教師節要出一份刊物，發刊辭要請縣長寫，也是那些幕僚半夜趕到我家求救，他們說：「明天一早要用，包括縣政府秘書處以及教育局的人，他們寫的文章都被縣長打回票，只有你寫的文章可以過關。」我說：「我哪有那麼厲害？」「你又不是不知道，他就只欣賞你的文章，你隨便寫一寫，他也接受。」常常遇到這種狀況。

　　甚至過年時，他都會請宜中教過他的那些老師吃

飯，那封邀請信很隆重。其實縣政府那些老芋仔寫的信都是文言文，文章也寫得很好，但他都不太採用，也是請那些幕僚來找我寫，他說，那都是例行文書，沒有感情，給老師看沒什麼意義。

我現在介紹一篇文章。這本書是「天下文化」出的，但是這本書沒辦法用，太小本了，字體也太小，這是他當法務部長時，要找他寫序，他要我幫他寫。我說我和陳定南是天作之合，那是因為我寫出來的文章和說出來的話，尤其是寫出來的文章，任何人看到，百分之百都會相信是出自陳定南的手筆。

我幫人家寫了十幾本書的序，我都有標題，但是這一篇，我沒有下標題，這個標題是陳定南下的：「曾經失去的樂園」。這本書是遠見雜誌社策畫，書名是《出遊宜蘭》（二〇〇二年出版）。這本書已經絕版了，書的內容是很好，作者呂理政很會寫文章，是很有水準的人。

陳定南下這個標題「曾經失去的樂園」和內容很貼切，如果是我，想不出這個標題。我開頭是引述仝卜年[1]那首詩，形容宜蘭這個世外桃源，當年仝卜年來到宜蘭做了那首詩「溪南溪北草痕肥，山前山後布穀飛。叱犢一聲煙雨細，杏花村裡勸農歸。」

1　仝卜年（1780年－1848年），山西人，清道光十二年（1832年）任噶瑪蘭廳(宜蘭縣)通判。道光二十三年（1843年）以台灣府知府身分擔任按察使銜分巡台灣兵備道。任內嚴管官吏，共有多位知縣等官員遭彈劾革職。

　　第二段我用陳定南的口吻說：「一九八一年，我接任宜蘭縣長，這片孕育四十萬子民的錦繡大地已飽受摧殘……」接下來，我就爲陳定南敘述他的施政爲宜蘭帶來的改變，讓生意盎然的山坡與蔚藍的青天相映成趣，讓縣民領略到古人說「生湖山郡，官長廉能」的幸福感……那時候是游錫堃當行政院長，我也替游錫堃帶上一筆，後面我寫游錫堃接任縣長，「更畫龍點睛，注入了心靈的活水，文化立縣，並發動社區總體營造，重振瀕臨消失的歌仔戲，建造提供宜蘭人藝術饗宴的演藝廳，同時爭取設立傳統藝術中心，更使宜蘭成爲名符其實的文化之鄉……」

裁撤宜蘭人二室　率先解除戒嚴令

　　陳定南在縣長期間給人很深的印象是下令戲院裡面不必唱國歌，這在台灣也是創舉。而他也是台灣首先解除戒嚴的縣市首長，至於是怎麼解除戒嚴的？其實這件事也和我有關係。

　　宜蘭高中有一位男老師叫做陳國蘭，他教數學，當時他有一位九十歲的父親，住在香港調景嶺，所以他每一年暑假都會過去香港看父親。但是那時要出國關卡重重，第一關就要通過學校的安維秘書，安維秘書如果不幫忙，休想。有一天中午廖校長來教師辦公室，那時大家都走了，我還沒走，廖校長進來看到我說：「喔，你還在這

裡，很好很好，你來幫忙一下，這個陳國蘭坐哪裡？」我說：「就這個位置。」校長說：「你來幫忙一下，我們來搜查一下他的抽屜。」我問：「為什麼？」校長說：「他今天早上被調查站抓走，我擔心下午他們會再來搜查他的抽屜之類的，可不要讓他們搜到什麼東西，我們先幫他過濾一下。」我就幫忙把抽屜打開翻翻看，也沒有發現什麼可疑東西。

那天我一回到家就打電話到縣長室，我跟陳定南說：「陳國蘭老師被調查站抓走了。」就簡單說那句話，當天下午四點左右，那位《聯合報》特派記者趙奇濤打電話跟我說：「林老師，向您報告，陳國蘭老師已經放出來了。」我就馬上打電話給陳定南，我說：「我中午打電話跟你說，陳國蘭老師被調查站的人抓走，你有採取什麼行動嗎？」他說：「沒有。」我說：「沒有，趙奇濤怎麼會打電話跟我說，陳國蘭老師已經放出來了？」他說：「我只不過是打個電話給調查站主任，跟他說，陳國蘭是我的老師，下班之後我要去看他，就這樣而已。」

由此可見，調查站一定馬上就追蹤了，他們想，我去抓陳國蘭來，必須要跟主管報告，要讓校長知道，只能讓校長知道，不可以讓別人知道，陳定南是怎麼知道這件事的？他們一定會去問校長，問說：「這件事，你有讓其他人知道嗎？」校長也不敢不講，他會說，某某人知道，他們就會知道陳定南那個消息來源就是我傳過去的。所以

趙奇濤才會來跟我說，他不會去跟陳定南報告，人已經放出來了，也知道我一定會去跟陳定南講。

　　這件事和陳定南率先解除戒嚴有何關係呢？因為事後我和陳定南見面時，我跟他說，陳國蘭老師這件事情，我有去問過陳國蘭老師，「為什麼調查站會來抓你？」他說：「你又不是不知道，我老爸已經高齡九十了，我每年暑假都要去香港看他一趟，拿一點盤纏給他，但是學校的葛秘書每一年都要刁難我，今年就是因為我得罪了他。」我問：「你怎麼得罪他？」他說：「他要我買狗皮膏藥，雲南白藥什麼的一大堆，結果我雲南白藥是買到了，但是我買不到狗皮膏藥，我從香港回來時，他就發飆了。」葛秘書說：「你知道你每年都要出國去，我為了你的事情，擔了多大的責任，你曉得嗎？要你買一點東西，你還偷斤減兩。」陳國蘭跟我說：「葛秘書實在欺人太甚，我每年買他交代的東西要花多少錢，他還這樣咄咄逼人，我真的買不到嘛，所以我就跟他吼起來了。」

　　原來是這樣，葛秘書就這樣對陳國蘭老師秋後算帳，一定是檢舉他每年都去香港，形跡可疑……等等，調查站才把他抓去拷問。如果不是陳國蘭老師有個學生在當縣長，再加上陳定南不是好惹的人，真不知道後果會怎樣，說不定會被抓去關，羅織一個罪名，造成冤獄。

　　我將這個情形講給陳定南聽，陳定南馬上下令，自即日起，各機關學校的人二安維秘書一律撤銷。安維秘書

都有一個專屬的辦公室，每一個人都有一份成績單，名稱叫做「忠誠資料」，陳定南下令將所有忠誠資料運送到中興紙廠銷毀造紙。

現位於宜蘭市中山公園內的獻馘碑

要講陳定南的事情，不是像一般人講得那麼簡單，僅僅只是他縣長做得很好之類的，裡面精彩故事可多了。例如宜蘭中山公園有一座獻馘碑[2]，這是古早時期，泰雅族人有出草也就是獵首的習俗，日本人來了之後，就要求他們把這些人頭都獻出來，蒐集起來，再集體埋葬，寫了碑文做了一個紀念碑。

這個獻馘碑為何和陳定南有關？陳定南當縣長時，

2　宜蘭公園最特殊的是有個獻馘碑，其他地方少見。「馘」（音同「果」）所指的是首級之意，以前泰雅族人有「出草」獵取平地漢人及噶瑪蘭領導頭顱的習俗，清朝多次出兵圍剿，卻無功而返，而後在日軍剿撫並施的政策下，泰雅族人不再有「出草」的傳統，因而建立此碑塔。

《民報》宜蘭中山公園和獻馘碑https://www.peoplenews.tw/news/8a3ab538-f779-47b0-be90-97034af2dbc3

有一個所謂的政風檢肅小組送來一道公文給縣長，裡面寫道：「這個獻馘碑是異族統治時代，所留下來的遺跡，是乃國恥，應予剷除。」陳定南怎麼批示的？這份公文我有去縣政府影印出來，陳定南批說：「無論清朝統治或是日本治台所留下來的遺跡，皆應妥善保存以垂訓後世子孫。」如果是別人當縣長，應該就是批示：「可」，然後一個歷史古蹟就毀掉了。現在那個碑還在，我專程去拍了照片，就在宜蘭中山公園，中山國小對面而已。

電視辯論反六輕　惹惱東家王永慶

陳定南當縣長時，還做了一件大事，「反六輕」，他比人家有遠見，知道宜蘭三面環山，承受不住任何汙染。所以我說他大義滅親，因為王永慶是他的老東家[3]，一九八七年，他和王永慶一起上電視辯論。現在只要有政治人物來紀念館，我都會讓他們看那個辯論會的影片，像是台南市長黃偉哲來，我都會提醒他們，你們政治人物沒有犯錯的權利，每天都在直播，你們如果要保持好的形象，要向陳定南學習，講話要怎麼講，態度要怎麼樣。那次電視辯論，王永慶講不到三句話就火冒三丈，陳定南則是輕輕鬆鬆的，言之有物，氣定神閒。

3　陳定南曾擔任台塑集團子公司「首席廣告公司」的企畫課長，擅長各種業務簡報。

　　一九八五年那一場縣長選舉，林昭文拿四十萬元來贊助，透過副議長江圳欽。江圳欽是國民黨的，他是大洲人，住在陳定南家附近，所以林昭文託江圳欽拿錢來，陳定南原封退回，江圳欽氣到大罵：「讓我這麼沒面子，人家好意來贊助。」我也說：「你嘛好了，人家好意來贊助，你竟然退回？」他回我說：「你知道嗎？林昭文在頭城開發金盈瀑布遊樂區，那要動到山坡地，破壞環境，我如果收下這筆錢，以後他拿出這個開發申請，我要不要准？這一毛錢也不能拿。」他這個人就是這樣，如果是別人當縣長，都會通過，水土保持做好就好了。

公家機關沒圍牆　校園變得更漂亮

　　陳定南還做了很多事情，是我們大家看得到而且感受得到的。譬如校園更新計畫，在他的手中開始實施，因為宜蘭縣內國中、小學有一百二十幾間的學校，要全部更新，政府沒有那麼多經費，直到到了游錫堃、劉守成任內才全部完成。

　　日本時代，學校都蓋得很漂亮，國民黨政府來了之後，已經經過一段時間，加上宜蘭經常有颱風大雨侵襲，學校就開始老朽、漏雨等等。國民黨政府採取什麼方法？修補。另外戰後嬰兒潮一直增班，增班就是新籬貼舊籬，新牆貼舊壁，就這樣一直接下去，所以接縫的地方一定會

漏水，再說新舊這樣補來補去，很難看，校園很醜。

陳定南的校園更新計畫，第一個打掉圍牆，學校都不要圍牆。南澳有一間武塔國小，這是第一間更新的，更新之後都不一樣。他曾經召集全縣國中小校長會議，他說：「十年樹木百年樹人，你們連一棵樹都不種，還談樹人？」三星有一所國小的校長鋸掉了一棵大樹，被記了大過，這是一棵上百年的樹，為了賺那麼一點小錢，把那棵樹賣掉了，讓人家鋸掉。

宜蘭運動公園的體育館是宗邁建築師事務所設計的，宗邁那個老建築師陳邁到後來也不得不佩服他。他們設計的體育館，陳定南也能改，他念法律的，還能去改人家的建築設計圖，還向我炫耀。那個建築事務所現在好像沒有了，以前滿出名的，他說：「這個那裡哪裡的角度要下來一點，景觀才會好看。」他都有他的一套。

這些概念是哪裡來？

他年輕時，自己出來做生意之前，最早是在王永慶的公司，後來離開王永慶的公司去亞中鞋業上班，也是拚到生病，生病也不想請假，就辭職。老闆很捨不得他，就讓他繼續住在公司宿舍，讓他好好休養。

有一次同業要組團去歐洲參訪，拓展海外市場，老闆鼓勵他說：「你辭職也沒領薪水，還是照樣在幫我們做事，我想慰勞你，你跟我們一起去玩。」那個團，應該是十幾天，大家都回來了，結果他自己一個人又繼續繞到美

國，環球一周才回到台灣。以前有一部電影叫做《環遊世界八十天》，他當時就是背著一台相機，從英國的海德公園、紐約的中央公園、法國的羅浮宮、凡爾賽宮……，那些古建築大教堂、街道公園等等，都收進他的鏡頭。他後來建設宜蘭，有歐美先進國家的進步觀念，就是這樣來的。

整治改名安農溪　解開歷史的恩怨

你有去過分洪堰嗎？你知道安農溪的堤防和別的地方有什麼不一樣？安農溪本來稱做電火溪，為什麼叫做電火溪，因為上游天送埤那裡有一個水力發電廠，水都從那裡下來，所以那條溪才叫做電火溪。

陳定南當縣長時，附近的人跟他說，這條溪如果不處理，歷史的恩怨永遠無法解開。因為這條電火溪，溪南和溪北兩邊的人，每年都會發生械鬥。為什麼會打架？因為堤防沒有做好，每年雨季一定會淹水，旱季會缺水。電火溪的兩岸都是農田，旱季要搶水，兩岸的人就會去疊石頭，把水引來自己這一邊；雨季來時就把石頭轉向，把水流引向對岸那邊。就這樣紛爭不斷。

陳定南那時跟我說，他向省主席邱創煥要了三億六千萬元整治那條溪，然後改名為安農溪。陳定南在那裡做了兩個擋水門，分成兩條，那個分洪堰就是這樣來

的。分洪堰中間有一條路其實是一道牆，把水分成兩邊，很公平。擋水門擋住水，到旱季時，水可以分流給兩岸的農田灌溉。那條溪年年氾濫成災，兩岸的居民也沒有辦法，不要說蓋房子，連耕作也沒有辦法，所以溪床很寬廣。陳定南整治這條溪，產生很多新生的土地，現在分洪堰那個公園就是做那個堤防岔開來，中間的新生地。

那時候陳定南跟我說，他要爭取那塊地來蓋一間大學，當時我是不想潑他冷水，我是認為不可能，宜蘭也沒多少人口，政府也不是很有錢，國民黨政府不可能來這裡蓋大學。那個宜蘭農工，現在改成農專了，如果能升格成大學，就很有面子了，不可能設立大學的。所以那塊地，到後來岔開來這些地，一直越到大馬路這邊越寬，三角形的，本來一條溪，現在分成兩條，就是雙腿岔開的意思。我的一些朋友都在笑說：「大家去買這塊地，賺了很多錢，只有兩個人不能買，就是阿灶和阿義。」阿灶就是陳定南的弟弟，阿義就是我。我們兩個絕對不敢去碰，去碰的話，會有很多是非，變成圖利自己人。

現在溪南、溪北是以蘭陽溪為界，安農溪、羅東溪，還有宜蘭河，最後都會匯流成蘭陽溪再出海。蘭陽溪很寬廣，員山鄉屬於溪北，溪北有五個鄉鎮，員山鄉、壯圍鄉、頭城鎮、礁溪鄉、宜蘭市；溪南有七個鄉鎮，羅東、五結、冬山、蘇澳、三星、大同、南澳。

爭相競標抵費地　農地重劃路更寬

　　陳定南不是只有做這些而已，以前我們的農路都是
「六呎仔路」，很小條，是牛在走的，現在宜蘭的農路都
比別的縣市寬，都是六米、八米寬。人家都會問，為什麼
宜蘭的農路規格都比人家寬？這就是陳定南。因為陳定南
上任縣長之後，那時農地重劃，都沒有路，他就找當時的
地政科科長來問，科長說：「沒有錢。」「為什麼沒有
錢？這預算不是都編好了？」

　　農地重劃要提供土地的十五％作為公共設施的抵費
地，因為要造路，也要工程費，所以稱為抵費地。一甲地
重劃之後，就剩下八分半而已，因為要分割土地作為抵費
地。以此類推，一百甲的農地，重劃之後，依比例有十五
甲，這十五甲不是都在同一個地方，可能分散在好幾個地
方，因此就要拍賣，賣掉之後，才能支付工程費。

　　地政科長跟陳縣長說：「那些抵費地都賣不出
去。」陳定南說：「路沒有做，誰會來買地？」科長說：
「沒有錢做路啊！」縣長說：「沒有錢，不會去借嗎？」
馬上辦公文向省公共建設基金貸款。錢借來，路做好，不
但大家爭相來買，因為競標的結果，價錢上漲，縣府財政
收入更高。

　　所以陳定南有一個觀念，他說：「我們社會在進

步，過去都是在犁田耕作，現在都用鐵牛仔，鐵牛仔是機械化，我們過去收割，稻仔都是用人工擔的。」我說：「我也擔過，十六歲還用米籮擔過一百多斤的稻仔。」他說：「現在會進步到，鐵牛仔一定要讓它過，將來會是發財車來載米袋，再沒多久，我們的經濟也會進步到有能力買轎車，所以我要推出一個農路改善計畫，縣政府自己找財源去做，計畫推出後要和農民溝通討論，例如，我這裡有公告地價要跟你徵收，農民的觀念是寸土寸金，一般都不願意讓出土地，我公告地價多四成給他們，土地取得之後，路線畫出來，開始來做，一條一條接著做，但是規模沒有做很大。」

他向邱創煥提出建議，還有做出樣版給他看，邱創煥也認為他這個建議很有道理，就開始編預算，第一年編了三千萬元，那一年宜蘭縣好像分到一千五百萬元，還是一千八百萬元，因為三千萬要分配給二十一縣市，陳定南跟邱主席說：「不可以這樣，我捅柑仔給人家撿，我都計畫好了錢都花下去了，別的縣市連計劃都沒有，連土地也都還沒取得，你要照這樣分配是分什麼意思，我捅柑仔給人家撿。」結果我記得那一年，宜蘭縣好像拿到一半又多一點的經費。

還有一件事值得一提，邱創煥來宜蘭巡視時，給宜蘭一億八千萬元，其他前面那五縣市都是一千萬元，記者問他：「這是十八倍，怎麼可以這麼不公平。」邱創煥才

跟記者說：「前面那五縣市都沒有計畫，只是開口要錢，給錢有什麼意義？今天你們看到陳縣長每一項計畫都做得這麼完美，馬上就可以執行，這個錢怎能不給？你們有沒有聽說過，錢要花在刀口上？」記者都無話可說。我們應該肯定邱創煥是很有作爲的好官。

一九八六年，農曆元月初五，我爲何會特別記得是元月初五，因爲（省政府）山地農牧局長廖大牛通知二十一縣市的縣市長去開會，要分配預算，那個預算就是改善農路計畫的預算，那次不是三千萬元，那次的預算全省是三億，後來我有一位朋友來宜蘭，他那時在山地農牧局，他說給我聽，幕僚跟局長報告：「報告局長，那天是農曆正月初五，是不是調整一下時間，人家還在過年，免得出席率很差。」廖大牛說：「不用改時間，要錢的人就會來。」結果哪知道二十一縣市的縣市長，只有陳定南親自出席，其他都是派代表，派局長、秘書長等等代表。

陳定南和人家不一樣，他不只是來開會而已，他的車子裡面圖表計畫書載一整車，到的時候就跟局長說：「我要跟你做簡報。」局長當然歡迎，結果其他二十一縣市的代表都坐在那裡當學生，聽陳定南做簡報，局長也坐在那裡聽。他不是只有一份簡報而已，一項一項搬出來，一項一項講，加上他的口才又好，連講解的指揮棒都自己準備好。

陳定南做完簡報，廖大牛就問：「其他各縣市，還

有沒有人要做簡報？」大家都靜悄悄地，都是空手去。廖
大牛當場裁示：「今天陳縣長所要的預算，總共九千六百
萬元，全數照給。」二十一縣市總金額三億元，宜蘭縣就
拿了九千六百萬元，是說陳定南胃口不夠大，如果胃口大
一點，報多一點，計畫再弄大一點，說不定會給他更多。
因為其他的人空著手就要來搬錢，連計畫都沒提出來。

　　這就是陳定南的「農路改善計畫」，宜蘭的農路都
很漂亮，四通八達，外縣市的人來到宜蘭縣就會感覺，這
個規格不一樣，農路都做得比較大，因為宜蘭是最早做
的，人家還沒有想到，我們就已經在做了。

登山健行萬里路　不忘背書比功夫

　　陳定南的身體原本硬朗，擔任縣長以後過度操勞又
無暇保養，經常體力不支緊急送醫，都是我在夜間載他就
醫打點滴；曾有幾次嚴重到必須住院療養。他好像有「眾
生一日不成佛，我夢終宵有淚痕」的使命感。

　　他接任法務部長之後，必須住在台北，我鞭長莫
及，就要求他每逢週末必須回到宜蘭跟我登山健行。他做
任何事情都會堅持到底，始終如一從不間斷。在這段漫長
的四年多時間裡，有太多的故事值得回憶珍藏；我就說幾
件來與關愛他的朋友做分享。

　　陳定南的私人行程從不搭公務車，都是自行搭乘火

車，而家住宜蘭的秘書黃棟材會順道陪同。有一回，身上從不帶錢的陳定南，因黃棟材沒有陪同，在宜蘭火車站下車後要轉搭計程車時，打電話給我，要我幫他準備兩百元付車錢，並交代，不要讓司機找零；宜蘭的計程車收費不是跳表計價，市區一律收費一百二十元；他從來都不接受我開車去車站接他。

他當縣長的時候，我的師大同學廖福本接辦宜蘭客運，請我拜託陳定南准他行駛市內公車。陳定南回答我說：「財團大小通吃，叫計程車吃什麼？」足見他非常關心弱勢，體恤計程車司機們的生計。

通常在週末下午大約兩三點鐘時到我這裡，喝杯咖啡後就換上運動服束裝啟程：三五好友也會前來會合一同上山。有一次，他跟我說：「今天可否晚一個小時出發？我從台北一直站到宜蘭，好累！」我說：「黃棟材不是事先就幫你買好車票，怎麼還會罰站？」他說：「因為我上車的時候，我的座位已經有人坐，我不好意思趕人……」

我們都會共乘一部車上山，人多時就分乘兩部車；約莫二十多分鐘就可到達入山口，車子停放空曠處後就開始往山上走。山青巒高並不陡，水秀源長心歡暢，不時還可以聽到密林裡的珍鳥嬌啼，看到濱水處的流魚悠游，鮮少有車輛來往的干擾。坐車上下山的那一段路程常有硬仗要打，因為陳定南常會向我挑戰背誦英文名著。譬如，有一次上山途中，他背誦金恩博士的著名演說詞 "I have a dream"，要我計時，回程換我背給他聽。結果他十七分鐘背完，我卻多花了三十秒；突然，我想到了曹操與楊修的「路過曹娥碑」那一段對話，隨即脫口而出：「我才不及君，乃差三十秒。」（見《世說新語》）

其實，金恩博士在華盛頓D.C.面對二十多萬人的那一場演說，足足花了二十三分鐘，沒有看過那場演說影片的人會說，我們兩人遺漏一些片段，而知曉內情的人就會知道，金恩博士演說過程中多次被掌聲打斷；陳定南和我都背得一字不漏。現在讓我再略為溫習一下，仍然可以完整背完。

我和他互相比賽背誦的英文名著，雖然沒有中文多，但都是擲地有聲的不朽鉅作，終生受用不盡。他保留了甘迺迪就職演說全文，而他最愛的是美國獨立宣言；我都親筆謄寫後縮版掛在牆上……"If a free society cannot help the many who are poor, it cannot save the few who are rich."這是甘迺迪演說，令我印象最深刻的一句話。

諾貝爾經濟學獎得主佛里德曼（Freedman）說，美國不必擔心中共竊取美國的科技，因為美國每天都在發明新的科技；最應該擔心的是，中共會竊取美國獨立宣言和憲法的精髓，到那時，就是中共開始強大的時候，也就是美國受到威脅的時候。但是，我覺得「牛牽到北京還是牛」，中共獨裁主義永遠讀不懂美國的憲法和獨立宣言的內容！

　　陳定南每個週末回來登山健行，都提著一只破舊的公事包，裡面裝滿公文；夜宿我這邊上將級的套房（跟五星級的差兩顆星）時，總是挑燈夜戰，從來沒有放鬆過。當年，林聰賢與呂國華競選宜蘭縣長時，在選前之夜從陳太太張昭義手中接過那一只公事包時說，感到有如千斤萬斤的重。

　　那一只公事包連同他穿到離開人世的一雙破皮鞋，現在都成為紀念館的鎮館之寶。

第 五 章

政壇孤鳥 鞠躬盡瘁

郭雨新戰邱永聰　廢票竟比得票多

　　一九七五年第一屆增額立法委員選舉，採取大選區制，台北縣、基隆市、宜蘭縣三個縣市為一個選區；國民黨在宜蘭提名邱永聰，黨外則由資深省議員郭雨新出馬迎戰。

　　開票當晚差點兒發生暴動，原因是投票所的四周都圍起草繩不可靠近，觀看開票的民眾都被遠遠地隔開，只能聽到唱票的聲音。奇怪的是，廢票多於有效票！？尤其在壯圍鄉，有一位民眾衝過草繩闖進投票所，把整疊的廢票抓起來一張一張地亮給大家看：「來，大家看，這每一張都是蓋給郭雨新的，竟說是廢票！」

　　其實他們是這樣做的：選務人員用手去按印泥，再把選票拿起來，讓投給郭雨新的票多半變成了廢票。導致群情憤慨包圍縣政府，與警方對峙到深夜才散去。

　　第二天郭雨新出來謝票，萬人空巷，鞭炮聲響徹雲霄；反觀邱永聰謝票時的冷冷清清形成強烈對比！

　　其實邱永聰是忠厚的長者，原任宜蘭縣議會議長，但郭雨新連任多年省議員，群眾基礎雄厚，被國民黨視為眼中釘，故不擇手段，必欲除之而後快，反陷邱永聰於不義。

黃煌雄競選連任　陳定南挺方素敏

後來歷經一九七八年斷交事件，一九七九年美麗島事件，停辦選舉。一九八〇年增額立法委員選舉，黃煌雄承接了郭雨新的這股氣勢順利當選；一九八一年陳定南當選縣長，國民黨徹底挫敗，多少也與民眾對國民黨的積怨有關。

一九八三年黃煌雄立委任期屆滿，當然要再競選連任；但，林義雄的太太方素敏也宣布參選，陳定南見義勇為，拜訪了黃煌雄並勸其禮讓。陳定南認為，要在國會論政黃煌雄可能優於方素敏，但依當時的國會生態，「老法統」當道，就算是十個黃煌雄也是「狗吠火車」，不如讓方素敏去向國民黨討公道，符合全民的期待。但，忠言逆耳，陳被黃趕了出去，還被嗆：「那我不就沒有頭路啦！」這是陳定南私下對我說的。

兩人的思維顯然有極大的落差。格局決定結局，態度決定高度。這場選舉的結果，方素敏拿到十二萬多的票數，黃煌雄僅得六萬三千多票；黃煌雄落選，方素敏高票當選，台灣人為林家的滅門血案討回了最起碼的公道！

宜蘭立委三強爭　林聰明搶下一席

　　一九八六年，方素敏沒有再競選連任，因為討回公道就好了，所以黃煌雄又出來選，他就當選了。到一九八九年，三年任期又滿了，黃煌雄來找我，他問我：「定南的縣長任期滿了，他會參選立委嗎？」我說：「應當是不排除這個可能。」他就問我，是不是可以說服定南不要參選，讓他繼續選？我說：「現在宜蘭縣有兩席，已經不是大選區了，由各縣市自行選出，我認為若是以你們兩位這麼優秀，口才好，聲望又高，你們有可能兩席都上。因為國民黨提名的林聰明在政見台上和你們講不到兩場，就會被你們比下來了，你也不需要煩惱。」但是黃煌雄聽不進去，結果陳定南決定參選。因為上次陳定南去找他，要他讓給方素敏選，被趕出來；這次，黃煌雄也不敢去找陳定南談了。所以那場三個人競爭，氣氛很緊繃。

　　林聰明是國民黨提名，他是水利會會長，是個老實人，台大畢業的。他選他的，我們這邊算黨外。黃煌雄把氣勢拉得很高，出來時鑼鼓喧天，好像拿破崙皇帝出征一樣。我跟一個黃煌雄競選總部的主力幹部說：「自己人不要互相殘殺，如果兩個人聯手，有可能把林聰明夾殺。」他說：「哪有可能？黨外只能上一個而已。」可惜，他們都認為只有擠下陳定南，黃煌雄才能當選，完全沒有並肩

作戰，坐一望二的企圖和決心；這當然與個人的格局和氣度有關。

那場立委選舉投票結果，陳定南得到八萬三千多票，得票數超過總票數二分之一，黃煌雄得到三萬多票，林聰明的票數才多黃煌雄幾千票而已。

事後很多人就說：「我們家三票，本來也想配一票給黃煌雄，但是他一直打陳定南，我看不下去，就把三票都蓋給陳定南了。」其實那時宜蘭縣的黨外勢力很強，陳定南剛剛縣長八年任滿，聲望如日中天，黃煌雄畢竟是黨外的，人家會考慮配票。但是黃煌雄不聽勸告，還要扯破臉，炮口對內，終至落敗。

政壇孤鳥反六輕　郝柏村撂下重話

一九八九年陳定南當選立委之後，他是孤鳥，也沒有入黨。王永慶認為「現在你也沒當縣長了，你拿我沒有辦法了。」打算讓六輕捲土重來。沒想到，陳定南竟然發動「全民反六輕運動」。我記得有兩百台遊覽車去台北上街頭，行政院長郝柏村那時撂下重話：「你們宜蘭如果繼續反六輕的話，我就把雪山隧道的預算凍結起來。」結果真的凍結一年，這個郝大帥是說到做到。所以雪山隧道本來是可以比較早完工的。

還有一件事，因為反六輕，陳定南也和李登輝鬧得

不太愉快。有一次，李登輝總統來羅東，陳定南那時是立法委員的身分，跟他見面，問說：「總統，你這次來是不是為了六輕努力？」李登輝聽了，氣到站起來拂袖而去，場面弄得很尷尬。

　　陳定南不是為了反對而反對，他可以提出理由。像那時候他反六輕，他在當縣長時，他就請教李界木和簡忠松，他們兩個都是環保專家，兩個人都在美國，這兩位就出聲了，說絕對不可以讓六輕進來宜蘭，後果會如何如何。王永慶不是說他在德州那裡有多好，是優良的廠商，他們兩個都打臉說：「哪有這種事情？」王永慶在美國的工廠被罰得很慘。

立委任內選省長　黨內初選很激烈

　　陳定南在當第二任立委期間曾經參選台灣省長。一九九四年，有一晚他來找我說：「施明德叫我選省長，要我先加入民進黨，民進黨再提名我出來選，你看怎麼樣？」我說：「這是千載難逢的時機，省長第一次民選，以你過去的表現，你每一次的民調都上全國版，都是第一名，你的聲望很高，民進黨裡面如果沒有經過思考，施明德不可能來找你。」那時候施明德當民進黨主席。我跟他說：「我是贊成你投入。」他說：「這樣好了，施明德要我明天晚上答覆他，你陪我一起去和他見面。」我說：

「好。」「地點方面，你就跟施明德說，約在林忠勝那裡。」林忠勝的家在台北敦化南路，一同赴約的還有我們的老搭檔李正雄老師。那一晚談一談就敲定了。但是張俊宏跳出來和他競爭到底，那次黨內初選的過程也很激烈，不過最後還是陳定南出線。

　　大選結果，最終敗給了宋楚瑜。主要原因雖是國民黨的恐嚇牌奏效，卻也讓許多政治人物的現實和私心表露無遺，我只能心照不宣了……不過，在這場選戰中，不僅讓台灣人看見懷抱理想、承擔責任的後起之秀，同時也激發出台灣人熱愛鄉土的情操，賴清德就是其中的最佳典範。

政治舞台試啼聲　醫生轉念選國代

　　一九九四年，台灣有史以來的第一次省長民選，同時也是台北、高雄改制後的首次市長直選，全台為之熱血沸騰，不論是達官貴人或市井小民，「議論選情」已經是大家在茶餘飯後共同的話題，堪稱是全民運動。

　　賴清德當時是成大醫院的總醫師，因人緣極好，被推選擔任醫院合作社理事主席，台灣醫界聯盟台南分會副會長。陳定南選省長，台南選區的操盤手黃先柱，推薦了和民進黨並無淵源的賴清德，擔任陳定南競選總部「全國醫師後援會」總召集人。

　　當時台灣的選舉暴力、買票文化盛行，賴清德告訴選民：台灣的政治得了高血壓（黑道）、糖尿病（買票），隨時會出問題；國民黨的政權像B型肝炎，台灣的國家定位像精神分裂。

　　賴清德初試啼聲大放異彩！他站上政治舞台，專用醫學術語印證政治怪象的另類助講很受台南人的歡迎。

　　一九九五年，民進黨台南市黨部延攬賴清德出馬競選第三屆國民大會代表，因他從小的夢想就是當醫生，並不想從政，於是直接拒絕；雙方談了一年多，民進黨說服他參選國代的唯一任務就是廢掉國民大會。期間，賴清德

賴清德推崇陳定南為他從政的啓蒙導師，我稱讚他青出於藍，他卻謙稱是「清出於南」。

心想，在診間罵國民黨、抱怨政治亂象，意義其實並不大；「批評水溝臭，不如拿起掃把掃」，「一生能夠選擇一個讓血會熱的工作來做，也不虛此行」。

一九九六年，賴清德順利當選第三屆國民大會代表。一九九八年參選立法委員成功，並連任四次；擔任四屆立委期間，都獲得公民監督國會聯盟評鑑「立法委員問政表現全國第一名」。

法務部長掃黑金　黑道立委全出局

陳定南沒選上省長，繼續當立委，直到二〇〇〇年政黨輪替後入閣。二〇〇一年年底立委改選，選後，他拿了一張名單給我看，他很滿意地說：「這次抓賄掃黑，那些黑道立委五個全部出局。」

陳定南當法務部長時也曾修理羅福助，連黑道大哥他也敢修理。

陳定南主政的法務部是扁政府時期滿意度最高的部會，當時政府遇到網路泡沫，要度過財務難關，希望撙節開支，各部會都做不到，陳定南率先響應，雷厲風行。法務部管轄的範圍很廣，因此也幫政府省很多錢。陳定南的效率都很高，每件事都做得很好；還有司法文化、司法風氣的改革，他也做很多，所以檢察系統絕大多數都對他很肯定。

　　我們在興建紀念館期間，檢察系統的這些官員出錢出力，也都會來向他表示敬意，像是謝文定、顏大和、林陳鐶、蔡碧玉、費玲玲[1]、陳美伶、朱朝亮……，很多人都還很懷念他。費玲玲當過宜蘭地檢署檢察長，後來調去基隆、桃園地檢署，當發布要調台南地檢署檢察長時，她曾特別來紀念園區，她跟我說：「我今天來向陳部長辭行，因爲我要到台南地檢署，特地來跟他獻花，表示敬意。」

世台會長李界木　促成名校划船賽

　　李界木當選世台會會長之後，一九九七年特別選在宜蘭開年會，世台會的鄉親一百多人回來，值得一提的是，李界木還邀請到諾貝爾和平獎得主霍塔（Ramos-Horta）博士來演講。霍塔的三餐都吃生食，包括魚、蝦，肉類也不例外；他後來當選東帝汶總統。

　　八月二十二日在礁溪唐代大飯店報到，當晚由我們慧燈班系招待。

　　我平時就廣結善緣，請朋友輪番作東招待，被我點到名的，都不會推辭，他們也認爲是自己的光榮。其中包

1　費玲玲，國立政治大學法律研究所碩士、司法官訓練所第廿一期結業，曾任宜蘭地檢署檢察長、基隆地檢署檢察長、桃園地檢署檢察長、台南地檢署檢察長、台灣高等檢察署主任檢察官（兼襄閱）、福建高等檢察署金門檢察分署檢察長。2019年1月調任高檢署花蓮分檢署檢察長迄今。

括林昭文、李添財、許祈財等。許祈財更安排在太平山那裡，那天太平山莊的碗盤還特意全部更新，以示隆重。因為太平山比較遠，所以接下來幾天就住在梅花湖附近的香格里拉飯店。香格里拉飯店後來分成兩個地方，在冬山河親水公園旁也開了一間，現在旅客大多住在冬山河那邊。

那一天我自己開車去梅花湖附近的香格里拉，身上帶了二十萬元，我想我自己也要出一些，不能都慷他人之慨。車子開上山，差不多再差半公里就到了，我接到陳定南的電話，那時他當立委，他說：「你幫我準備二十萬元贊助世台會。」我心想，你有千里眼嗎？我才剛準備二十萬元，快要到目的地，馬上就被他看到了，好吧！這個功德就做給他了。我到那裡就跟李界木說：「這是陳定南要贊助的。」

李界木念師範大學時，我們就常聚在一起了，他早我兩屆，我大一時，他大三。他畢業後赴美進修，取得博士學位，在聯邦政府任職。後來我嫁女兒的時候，在馬里蘭大學教堂辦婚禮，就住在他們位於華盛頓D.C.的家，那裡就是馬里蘭州。也是因為這樣，我認識了在美國的一些台灣人，像是陳唐山、蔡武雄、謝博六、黃俊平、蕭宗陽、林高峰……，都是在李界木那裡認識的。

如果沒有李界木，也不會有國際名校划船邀請賽這件事；我們外交部根本使不上力，沒有人要理會我們。李界木在美國和甘迺迪兄弟很熟稔，說得動，所以英國牛

津、劍橋，日本早稻田和慶應，澳洲雪梨大學，加拿大多倫多，美國耶魯等等很多國家的划船隊都來了。

講到這裡，我就又要給陳定南做的事情再添一筆，陳定南一上任縣長，就說冬山河必須開闢一個遊樂區，要將宜蘭建設成東方瑞士，要不然宜蘭什麼都落後，什麼都窮，宜蘭人出外頭抬不起來，不敢跟人家說自己是宜蘭人，這麼好的資源要好好開發。但是宜蘭是窮縣，開發的經費要哪裡來？說到爭取經費，陳定南是第一流的，在這裡也顯現出，國民黨的官員也有好的官，不是每個人都是貪官汙吏。

當初參與冬山河計畫的重要幹部例如郭繼宗，以及《冬山河的八十年代》作者謝國鐘建築師，他們都有參與，很清楚這些過程。其中有一個重點，一般縣市可以跟省政府爭取預算補助就很厲害了，但是省政府的預算有限，僧多粥少，沒辦法給大筆經費補助，不過冬山河這個案子，陳定南卻有辦法跟中央拿到十億元，這是怎麼做到的？

當時的觀光局局長虞為[2]曾是一位將軍，退役後擔任交通部觀光局局長，陳定南邀請虞為局長來看冬山河，他說：「我們可以將這條河開發成划船聖地，條件非常好。」虞為看過之後，非常感動，冬山河整個看起來很氣

派。陳定南跟虞為說：「我們開發成划船聖地舉辦國際划船邀請賽，可以打開台灣的知名度，提升台灣在世界的能見度；過去我們外交部常把錢花在『醬油』上，冬山河這個案子是值得投資的，我們一起去向錢復主委報告。」錢復是當時的經建會主委，也當過外交部長，對他而言，很有說服力。錢復來實地勘查後，十億元就解決了，冬山河才有辦法建設成那樣的規模。陳定南還特別去請日本的象集團來規劃。

陳定南遠見擘畫　游錫堃接棒完成

　　我曾經提供場地，請山水畫大師周澄來開班，指導許多高中、國中、國小的美術老師學習國畫。二〇〇九年舉辦「康灩泉百年紀念展」時，因為周澄的父親和康灩泉是好朋友，所以我就請周澄來主持。剛開始籌備會都在我們基金會這裡召開，但是要展出康老的作品時，需要比較大的場地，因此就在傳藝中心舉辦。

　　一月十七日，紀念展開幕那天，因為康灩泉老先生是大家都很崇敬的大老，游錫堃也來了；有一件事，游錫堃一直耿耿於懷，於是當面向我抱怨。游錫堃跟我說：「冬山河親水公園是在我手中完成的，你們都把功勞給了陳定南。」我說：「何以見得？什麼人做的就是什麼人的功勞，縣民都看在眼裡，這是不能胡說的，歷史也有紀

錄。」他說：「你們那本書都是寫陳定南的功勞。」他說的是《冬山河》這本書，一九九四年陳定南選省長時，台灣教師聯盟出了這本書，副標題是「把冬山河與陳定南獻給台灣人民」。

我跟游錫堃說：「那是為了選省長做文宣用的，那時候的主角，要選省長的人如果是你，就會和你連結，這很自然的嘛！」這是天經地義的，但是他耿耿於懷。其實冬山河是大工程，經費預算又那麼大，陳定南縣長任內做不完，當然是游錫堃接棒完成。

從陳定南縣長任內開始整治，使冬山河成為舉辦各式水上活動的理想場地。

江淳信強力游說 陳定南回鍋參選

二〇〇五年，行政院要改組，游錫堃下來，換謝長廷上去。在這之前，大概是元月份時，江淳信來找我，我說：「你當宏國的總裁，手下管理二十六間公司，我想這輩子要見到你，恐怕比見總統還難，你怎麼會來找我？」他說：「不跟你浪費時間，我跟你說，我要請陳定南回來選縣長。」我說：「你嘛好了，這怎麼可能，這件事不用說啦！」他就說：「你也知道，宏國給我的待遇，我永遠用不完，我不需要賺錢，也不想當官，劉守成要我當副縣長，我當一半就走了，如果我那麼想當，怎麼會跑掉？現在雪山隧道快要通車了，宜蘭縣會受到很大的衝擊，所以目前要選的這些中生代孩子，都沒有用，只有陳定南再回來，才有辦法面對宜蘭有史以來最大的衝擊，這是很重大的事情，非回來不可。」我說：「這你自己去努力，這件事情我不插手。」因為我不認同。

之後不到兩個禮拜，我問陳志烈：「這次縣長選舉，你覺得怎麼樣？」陳志烈是我的學生，當年我請他送杜顯揚老師回去中國岳陽，這個孩子很有江湖味。他的說法和江淳信一樣，這三個中生代都不是料，沒有用。我說：「你們陳歐珀會出線。」陳歐珀是陳志烈的堂弟，他說：「就算陳歐珀出線，我也不會挺他。」這句話很嚴

重。

當然我認識陳歐珀，以前就是陳志烈帶他來見我。他說：「老師，這是我弟弟（陳歐珀），他要來選省議員的補選，還有一年多的任期，請老師牽成一下，給陳立委打個電話。」我打電話給陳定南，陳定南當然會撩下去，他說：「志烈這個人義薄雲天，一直都很支持我，他的弟弟，我們不能不挺。」

陳定南簡單交代幾句話，就把陳歐珀牽成起來。陳定南跟我說：「請江仁壽老師幫忙。」江老師過去都跟著陳定南出去拜訪，陳定南和哪些人認識，他們住在哪裡，江老師都知道，請游再添開車，讓江老師陪陳歐珀去拜訪。

陳歐珀參選時，也是用我這裡當總部，我還另外贊助二十萬元。當時國民黨的宜蘭大學助理教授文祖湘，還自討苦吃地說：「我這次不是和陳歐珀競選，我是和陳定南競選。」你明明知道陳定南的聲望如日中天，就不要讓人家知道陳定南在挺陳歐珀就好了，竟還自討苦吃，結果陳歐珀選贏了。

陳歐珀得到機會後，就原形畢露了。陳志烈最先發現：「這個孩子沒路用了，老師，我要跟你認錯，我陷老師於不義。」我就跟陳志烈說：「接下來要怎麼辦？」他說：「很簡單，辦法我早就想好了。」我說：「你說說看。」他說：「我不能說，我如果說，老師會罵我。」我

說：「你真的那麼怕我，儘管說。」他說：「叫陳部長回來選，一切都解決。」我說：「江淳信那天才被我擋回去，怎麼連你也這麼說？」

但是沒過多久，江淳信又出招了。他說：「陳定南當部長那麼久，四年多了，我還沒去過部長官邸吃過一頓飯，你肯陪我去嗎？」我說：「可以啊，老朋友嘛。」

吃飯時，江淳信就出招了。

他跟陳定南說：「當年你當縣長時，我的事業做得正好，你要我去當體育會的理事長，我拒絕你，你跟我說了一句話，你還記得嗎？」陳定南靜靜地沒有說話，「你說人生不要只有想著賺錢就好，要做一件比較有意義的事情，宜蘭縣要辦區中運，這是有史以來最大的拜拜，這件事沒有你幫忙不行。」因為江淳信是學體育的，能力也很強，江淳信說：「我被你那句話刺激到了，也撩下去了，結果呢？我的事業就這樣崩盤了，這麼重大的任務我沒有拚命怎行，我沒辦法兼顧，現在我要將這句話還給你，人生不要只想著當大官，要做比較有意義的事情，宜蘭縣雪山隧道快要通車了，現在沒有你不行，這場縣長選舉你一定要回來。」陳定南都沒有答話。

接著江淳信又逼他：「內閣快要改組了，人事如果一發布就來不及了。」江淳信也跟我說：「你不可以再袖手旁觀。」我說：「你準備怎麼做？」他說：「我要找二十個人來連署開記者會，這二十個人沒有政治人物，地

方大老。」他就念給我聽，要找誰誰誰，還將我列在裡面。

　　我說：「我如果在裡面列名，不客觀，你要做的事情會被我搞砸。這樣啦！二十個人不困難，隨便找也有，不要說二十個，二百個也沒問題，只是要挑人而已，這篇文章由我來寫，連署我會幫忙。」事已至此，陳定南就這樣回來參選了。

　　江淳信個性豪俠仗義，眼光獨到又有決斷力，陳定南對他非常敬重。

宜蘭河點燈疑雲　陳歐珀拒絕澄清

　　陳歐珀那時是縣黨部主委，陳定南回鄉參選阻礙了陳歐珀，等於擋到他的路。那時候黨內登記還沒開始，但是我知道陳歐珀要選縣長，因為他們之前運作開會都在我這裡。我就請賴瑞鼎跟陳歐珀說：「陳部長會回來選喔。」賴瑞鼎跟他說完後回報：「歐珀說，陳部長如果要回來選，他會退讓，會力挺陳部長。」

　　其實陳歐珀認為，陳定南不可能回來選，才說了那句話。所以陳定南回來宜蘭開記者會時，其他原本有意參選縣長的林進財、林德福等人，遇到記者訪問他們時，口徑一致都說要挺陳部長。林德福還說，他在縣政府時，陳定南是他的老長官，也有提攜他，他當然也要挺陳定南。

　　大家都說得很好聽，但是陳歐珀就不一樣了，他以縣黨部主委的身分說：「民進黨是一個民主的政黨，誰要參選都歡迎，但是要通過初選的機制。」沒有表態要挺陳定南。報紙登出來時，我的辦公室馬上來了一大堆人，七嘴八舌：「老師啊！這樣不行，人家林進財和林德福說得那麼乾脆漂亮，陳歐珀說那什麼話？他是部長提拔的人，他每次選舉都是打出『青天第二代』的招牌，我們都在挺他，他現在是在講什麼話？」黃瑞疆就說：「去叫歐珀過來！」

　　陳歐珀來了之後，大家就開始批他，之後擬好稿，要歐珀補發一篇聲明稿，聲明自己要力挺陳部長。陳歐珀就說：「我拿回去給慧諭發。」

　　但是那張聲明稿沒有刊出來。

　　事後我就跟陳歐珀說：「歐珀啊，部長要回來選了，你要跟你的支持者打個招呼。」他回我一句：「不可能。」在陳定南選縣長過程中，我們才發覺陳歐珀的真面目。

　　陳歐珀轉而參選宜蘭市長，舉辦一個宜蘭河點燈之夜，也有邀請陳定南去參加。這件事造成陳定南敗選，事後才得以真相大白。

　　宜蘭河點燈之夜那一晚，最少有四、五十桌，規模頗大，我認為陳定南不可以去，我打電話給陳定南，我說：「你現在人到哪裡了？」他說：「我剛離開羅東，快

要到蘭陽大橋。」我說：「今天晚上的宜蘭河點燈之夜，這場宴會你不可以參加，STOP！」他就沒有去了。結果過沒多久，消息就傳來了，蘇澳那裡的檢調人員攔到一輛從南澳來參加宜蘭河點燈之夜滿載的遊覽車，挑明說這是賄選，同時間消息就傳開了，呂國華的宣傳車開始大街小巷宣傳：「陳定南賄選，抓到了！抓到了！」

　　我馬上到陳歐珀的競選總部找陳歐珀，他躲了起來。他太太在場，說她會轉告，我說：「這個宜蘭河點燈之夜是你們市長候選人的場子，和縣長候選人無關，現場沒有插任何一根縣長候選人的旗子，陳定南本人也沒有出現。南澳那些人沒有宜蘭市的選票，只是過來捧個人場，對你們沒有影響也不會有傷害，你們要出來澄清。」

　　我回到總部時，對輔選幹部說：「我沒有找到歐珀，我有交代他太太。」陳建中當場表示，他和陳歐珀很熟，常常在一起，他願意再跑一趟；但他回來後罵得要死，他說，陳歐珀不肯出來澄清。

　　最後陳歐珀陣營沒有任何的動作，也未做任何澄清。

　　林德福一開始說得很好聽，但在陳定南去縣黨部登記後，林德福卻跳出來挑戰。他曾任文化局長，游錫堃提拔他升任體委會主委，他把陳定南批得很難聽。林德福說：「陳定南什麼位子都要占，也不留個機會給中生代或是後輩。」林德福攻擊的理由，後來都被對手拿去做文

章，這個傷害也很大。

陳定南在第一次選縣長時贏八千票，最後這次輸，也是輸八千票。

江淳信和陳定南也是肝膽相照的。陳定南第一次和李讚成競選縣長時，江淳信雖力挺李讚成。不過選完之後，沒多久，陳定南就去拜訪江淳信。陳定南身邊的人很有意見，他堅持要去拜訪，這一點感動到江淳信，他想：「我當初拚命挺李讚成，你沒有放在心上，還來到家裡拜訪我，這樣的胸襟和風度，令人感動。」

後來基金會興建紀念館，江淳信也是大力相挺，但因為他是代表宏國企業，不方便太出鋒頭，所以他做一任之後就辭董事。辭去董事後，他私底下還是出了很多力，每年也都持續大力贊助，為善卻又不欲人知，因此徵信錄上只能以「無名氏」來彰顯他的善行義舉。

文宣抹黑炒地皮　勝訴原諒林建榮

陳定南在天母曾有一間房子，好幾次要賣，都被我勸阻！因為他不想讓人家贊助，不想欠人家人情，所以才會一直想要賣掉天母的房子。很多贊助款都是經過我的手轉介的，但是他到投票的前一天，人家贊助十萬元的，就退回去九萬元；贊助五萬元的，退回四萬元；幾乎都只收一萬元。我曾經跟他說：「選完再退就好，不用這個時候

退。」他說：「不行，我們如果選上了，選完再去跟人家退錢傷感情，現在就要處理好。」他就是這樣的個性。

我跟他說：「像你這種做法，古早人說：『做官清廉，吃飯攪鹽』。你的個性和我一樣，你這間房子如果賣掉，錢絕對留不住。但是有一點你不知道，我都有把吃飯錢留著。」我提醒他：「你這個人連吃飯錢也不會留，以後你的妻小就要去睡電線桿下，房子絕對不可以賣。」

我的用錢習性讓很多親戚朋友看不下去，都會好心提醒我，我都會說：「你們放心，我吃飯錢有留著！」這句話也就變成我的名言了。

到了一九九幾年，房子還是賣掉了，為什麼賣掉？他的說法是建商要在那裡蓋大樓，要跟他買房子，因為這樣那塊建地才能完整。結果那塊地賣了六千多萬元，如果依照代書建議的節稅作法，其實應該是賣八千多萬元……他請代書將收進來的錢，都拿來給我保管，那些票據都交給我，那位代書說了一句話：「這個人有需要那麼耿直嗎？」

陳定南當縣長之後，天母那間房子租給日本人，退租之後如果滿一年，就合乎自用住宅免課徵增值稅，稅金差了兩千萬元。人家買主跟他說：「你晚點過戶沒有關係，這筆稅金就不用繳。」我也是這樣跟他說，因為手續都是我在辦的。但他堅持要照繳，沒有差幾天，就多損失了兩千萬元，因為增值稅課得很重。

　　賣房子的錢都拿到我這裡，他這個人就是不想碰錢，這些錢要怎麼處理？他說：「你全部幫我拿去給江淳信。」我說：「要怎麼跟他說？」他說：「讓他去做生意啊！做本啊！」你看他這個人那麼江湖氣慨，那麼講義氣。

　　他心裡認為，當初他把江淳信找來辦區中運，結果拖垮了江淳信的事業，要我把錢拿去給江淳信再起爐灶。我跟江淳信說：「我們老ㄟ（我們私下都稱呼陳定南「老ㄟ」），他天母那間房子賣掉了，錢都交到我這裡，他要我全部交給你，要給你做生意。」江淳信說：「我一毛錢也不碰。」我說：「你如果生意做成功再還他就好了。」江淳信說：「我如果做失敗了怎麼辦？」我說：「做失敗他也不會追那筆錢啊！」江淳信說：「不行，這筆錢我絕對不碰。」就這樣，我又把錢拿回來。

　　我跟定南說：「你現在還是無殼蝸牛，選舉不曾輸，官也當很大，但是我太瞭解你，不要說家無『隔宿之糧』，如果有一天沒當官，沒有參與政治，你就不好過日子了，我看這樣啦，先解決房子的事情，不可以長期跟人家租房子。」他說：「好啊！那你去幫我買一塊地，先買地，我要好好來規劃。」於是我就在蘭陽女中附近幫他買了一塊地。

　　接著競選立委連任時，林建榮的文宣就針對那塊地，說陳定南炒地皮。「陳定南說他多清廉，那些錢哪裡

來的？那塊地很貴，那筆錢哪裡來的？」陳定南只好告他毀謗。這個不告不行，要告到法院去，事情才能調查清楚；錢是怎麼來的？來龍去脈都要弄明白。陳定南也公開澄清：「我買這塊地是準備要自己蓋房子，一部分的錢買地，另外留一部分的錢要蓋房子；我至今還是無殼蝸牛。」

官司初審，林建榮和做文宣的前國代林明昌，兩個人都被判有罪；後來上訴到高等法院，那時陳定南已經在當法務部長。有一天陳定南來我這裡，跟我說：「這個官司你幫我想辦法看看，你的學生那麼多人在當律師，你去問問看，我要原諒林建榮，有解套的辦法嗎？至於林明昌，我絕對堅持到底，要讓他被關，他太惡質了。」我問了律師，律師回應：「老師，這很困難，兩個同案，一個要撤告，一個要辦到底，這說不通。」這個事情又推給我，我只好用陳定南的名義寫一封信給審判長，信中大致的意思是：「我三不五時回來宜蘭，和鄉親閒聊時，大家都說，那件事其實林建榮完全沒有犯意，他是候選人，幕僚為了選贏，亂搞文宣，他完全沒有參與，他是冤枉的，所以我想要原諒林建榮。其實林建榮是老實人，現在落選又沒工作，不忍心，我想放過他。希望審判長能夠從輕發落。」（網開一面）

審判長審度事實後，做出公正裁決：林建榮沒事。

從這件事，就可以瞭解，陳定南這個人心地很好；

除了很有正義感，也有心地柔軟的一面。

眾生一日未成佛　我夢終宵有淚痕

　　最後一次選舉的挫敗，對他打擊很大，對身體健康有一定程度的影響。二〇〇五年底投票，二〇〇六年十一月五日過世，剛好一年。

　　選後蘇貞昌來宜蘭，碰巧陳定南出去謝票還沒回來，蘇貞昌就在我這裡等。當時蘇貞昌是黨主席。他問了我一件事：黨中央提撥六十萬元給宜蘭縣黨部，要他們用在縣長的選舉。他說：「這些錢有沒有收到？夠不夠？」他知道陳定南在這方面一定是比較欠缺，黨部也沒有很多錢。我回答：「沒有！」蘇問：「那錢到哪裡去了？」我說：「你現在問起這件事，我才恍然大悟，原來是被陳歐珀拿去辦宜蘭河點燈之夜了。而他為何力邀陳定南參加呢？因為這樣他才可以跟黨部呈報，他是花在縣長的選舉上。」我跟蘇主席報告，陳定南沒有去參加。

　　陳定南當縣長時，一直在消費身體健康，不時操勞過度吊點滴，我常常晚上載他去就醫，所以我很清楚，別人都不知道；那些醫生都是我的好朋友。他的想法就是，每一件事都要做到盡善盡美，簡單一句話就是「眾生一日未成佛，我夢終宵有淚痕」。他拚死拚活也要拚到底，總是拚到身體熬不住了，最後再來想辦法。所以常常在撐不

下去的時候，打電話給我，要我載他去吊點滴。靠吊點滴哪是根本？有時候我就會跟診所的人調侃自己說：「你們看我每次都陪縣長來，挺他到那麼晚，我是為了什麼？為了這頓澎湃的宵夜。」點滴吊完，醫生娘一定會辦一桌很澎湃的宵夜，我才會笑稱，我是為了這一頓，不是多勤勞。

有一次他終於讓我說服了，那個暑假我比較有時間，我跟他說：「你應該要喘一口氣，要不然你這樣不行，我帶你去花蓮天祥度假，三天就好，休息一下。最好是一個禮拜，如果不行，最少三四天也好。」我開車載他，也和他睡同一個房間，在溫泉溪裡洗三溫暖，兩人坦誠相見。第二天他跟我說：「趕緊把行李收拾一下，我們趕快回去。」我問為什麼？他說：「你沒看到報紙頭版登得那麼大嗎？」我一看，縣市長民調滿意度，陳定南第一，還有陳定南很大的相片，「我們剛剛來沒有人認得我，現在會被認出來了，要趕快走。」我只好載他回來。

但這不是他的致命傷，真正的致命傷是「鬱卒」！人啊，如果心情不好，就會容易引起不治之症。

說到癌症，我有一帖草藥秘方，相信的人，都治好了；我有兩個最知己的好朋友，他們沒有吃，第一個就是陳定南，第二個就是林山田。

以陳定南和我的關係，我就算拿毒藥給他，他也會吃。我煎好藥，用兩瓶軒尼斯的酒瓶裝著，專程拿到台大

醫院病房去。但是那天運氣不好，夫人張昭義在病房陪他，受過高等教育的人絕對不信偏方，他們只相信醫生，所以我被拒絕了，沒辦法過關。

至於山田兄，我準備好藥材直接拿去礁溪住家給他，他是留德的法學博士，怎麼可能相信！當然是不敢吃。從發現胰臟癌到離開，只有短短三個多月。

與林山田教授同遊冬山河

第 六 章

一塊建館　典範流傳

　　陳定南的廉能、遠見、魄力、堅持公理正義和追求完美的精神典範，是台灣人最珍貴的核心價值，也是我們世世代代、子子孫孫最值得學習的榜樣！籌建陳定南紀念館就是要保存和傳承這項核心價值與典範，藉以垂訓後世子孫。

決定興建紀念館　先行設立基金會

　　陳定南請辭法務部長回到宜蘭，因尚未購置房舍，一家四口承租約莫三十多坪的住處，空間並不寬敞，以致五百六十五箱的私人物品苦無存放之所。

　　定南特地來找我情商，暫借慧燈大樓七樓的大會議室置放。

　　二〇〇六年八月的某一天，我看見定南和幾個人在大會議室裡，埋頭整理那幾百箱的文物；當時定南已經確診是肺腺癌末期。望著他孱弱的身軀，我實在於心不忍，就催他趕緊回家休息，連拖帶拉的把他帶到了電梯口；定南半央求地說：「我可能撐不到年底了，所以要趕快整理，很急的……」我回他：「我知道你的這些東西都很寶貴，不但有代表台灣過去的生活軌跡和文化，也有你所堅持的價值、理念。不過，你的體力都快消耗殆盡了，現在你必須先回去休息，你放心交給我，我以後會蓋一間紀念館把它們都好好保存下來。」

陳定南於二〇〇六年十一月五日逝世，臨終前交代不設靈堂、不辦告別式、七十二小時內火化，但因媒體爭相追蹤報導，聞訊而來關心弔唁的人絡繹不絕於途。

為了表示對他的崇敬與不捨，我們仍然於二〇〇六年十二月一日，在宜蘭運動公園體育館舉辦了一場追思音樂會。

辦完音樂會之後，陸續有記者來做訪問。當他們看到了定南的遺物時都紛紛向我表示，文物一定要好好典藏，還要將陳部長的理念以及精神廣為流傳。甚至有記者追問：「有蓋紀念館的規畫嗎？應該要蓋紀念館，讓更多人瞭解什麼才是真正的核心價值！」我回答：「紀念館一定會蓋起來的！」

媒體披露了「興建陳定南紀念館」的相關訊息。

宣布要為陳定南興建紀念館後，第一位響應的就是黃建興[1]建築師，他也是紀念館的規劃設計者。

黃建興是宜中畢業的校友，他說：「老師，你這個構想很好，我捐一百萬。」不過，也有關心的朋友提醒我說：「人在人情在，人亡人情亡！你不要做這種傻事……」而這位朋友發現勸阻無效後也慷慨捐了六十萬

1　黃建興保留陳定南的祖宅，重新整修三合院，雖左右廂房早已毀損，但主要神廳卻完整保留，設計就以廳堂為主軸，將老厝規劃為展示長廊，將陳定南一生的經歷及周邊小物展示於此，並在古厝上方融入新的建築，用弧形設計「外方內圓」的外觀，將陳定南在剛硬的外表下，亦有柔和一面的形象融合，描述著陳青天長存於世的典範。

元。

　　接下來就是要找一位德高望重者來當建館召集人，我想到了林山田教授，就專程去拜訪他，請他出來領頭。

　　他毫不猶豫，慨然答應。第二天他和我去走跑馬古道，他的夫人拿了一張十萬元的支票給我，我說：「你不用出錢，山田兄這顆獅頭借我揮舞就價值連城了。」她說：「這張支票你一定要收下，因為昨晚你來找他時，他很高興，他說這將是他一生所做最有意義的事情。」

　　二○○七年六月十四日，陳定南教育基金會正式立案成立，由林山田教授擔任董事長。過了一段時間，林山田教授就跟我說：「覺得最近肚子怪怪的。」我問他：「有沒有去看醫生？」他說：「好像是胃有問題。」又經過了一些時日，他跟我說：「糟了，不是胃的問題，是胰臟癌。」若是胰臟癌確診，存活時間普遍都只剩三個月。我跟他說：「我知道有一帖青草藥，醫治癌症很有效。」我把那帖草藥送到他家，但是後來我發現他並沒有吃。

　　林山田在就醫期間，我交代黃棟材開我的車子全程幫他服務，並致贈一百萬元的支票充實他「抗戰的資本」，卻遭他退還。林山田有時就會當著我的面說：「棟材啊！你載陳部長，載著載著卻讓他跑掉了；現在換成載我了，如果我又跑掉，怎麼辦？」他心裡有預感。不過我仍然希望會有奇蹟出現。

　　奈何天不從人願，林山田教授發病三個月後，就在

十一月五日溘然長逝，與陳定南相差一年，日期卻巧合相同。

李界木接任董座　龍潭案池魚遭殃

第一任董事長林山田過世之後，我就找李界木來接任。李界木當時已經從新竹科學園區管理局局長卸任退休，回去美國了。

李界木和我以及陳定南的交情都很好，我要求他來接任董事長，他沒辦法推辭，於是回到宜蘭，就在鄰近基金會的地方買了間公寓定居下來。不到半年時間，就遇到阿扁的「龍潭購地案」，特偵組來把他帶走；第二任董事長李界木，任期同樣只有幾個月。

後來林宏裕跟我建議：「去找李遠哲。」李遠哲說：「你問我太太，如果她贊成就好。」我知道，那一定沒辦法成的，他已經身兼世界科學協會理事長等多項要職，他太太怎麼捨得增加他的負擔？

召開董事會議時，董事們都說：「你不要再推了，這件事情是你自己搞出來的，你不能到處去找人，到現在都還搞不定。」我只好說：「我和陳定南交往半輩子，相知相惜，他也沒有牽成我當過一官半職，現在他在天上可能過意不去，硬是要『牽成』我，要不然怎麼會一個接一個都出狀況？！我只好承擔下來了。」

號召一塊來建館　資金陸續都到位

　　紀念館宣布興建後，接著就要積極籌募經費。基金會推出的第一個活動就是號召大家「一塊來建館」，「一塊」是雙關語。

　　我們在宜蘭運動公園的廣場上鋪了巨幅的陳定南肖像素描，讓大家用一塊錢硬幣鋪起來。現場吸引了大批人群，扶老攜幼趕來共襄盛舉，最後大功告成；站在鷹架上

二〇〇七年十一月十三日於宜蘭運動公園舉辦「一塊來建館」活動，號召宜蘭鄉親共襄盛舉，一同贊助興建陳定南紀念館；現場象徵性地以一元銅板拼出陳定南的頭像。

二〇〇七年十一月十五日陳水扁總統蒞臨基金會致贈捐款響應「一塊來建館」

陳水扁總統致贈捐款後與基金會董事及來賓合影

拍照留念，並請來律師見證。拾起硬幣，借來銀行數幣機，當場點數，共計十四萬六千三百九十一塊。經過媒體大肆報導，果然引發各地熱心人士慷慨解囊。

陳定南紀念館於二○○七年開始籌建，二○一一年十一月五日開館，迄今經歷十四個年頭，有太多可敬的人物與動人的事蹟，讓人永銘心底、感念不已！

首先要感念的當然是肝膽相照的林山田教授，相信他在天上必定和陳定南並肩相伴，看著我們竭盡所能在做他們一生所追求且最有意義的工作。

黃建興建築師是第一位贊助百萬鉅款響應建館的人，他除了率先吹響號角，還全力投入紀念館的規劃設

圖中左二及左三為黃建興建築師與陳定南，林光義攝於員山鄉登山途中。

計，並長期參與運作，十幾年來，熱情始終未有消退，精神可嘉！

　　陳錫南，一位罹患帕金森氏症已有廿五年的人，平日裡和陳定南素無往來。有一天，他來捐款一百九十九萬，讓我感到很意外！我問他：「為什麼要出這麼大力？」他說：「宜蘭人欠陳定南一個公道！」我再問：「『一百九十九萬』有什麼特別的涵意嗎？」他回答：「我看你出兩百萬，禮貌上不敢超越你。」

　　在即將屆滿一年，必須公布捐款徵信錄，卻只募集到一千兩百萬元，但為尊重陳定南一生的風骨，我不能伸手向人家要錢，只好把我的苦衷告訴最知心的朋友，我打了兩個電話。

　　第一通電話找了陳錫南。我告訴他，因為要公布捐款徵信錄，金額不夠好看，怕被看衰，我再追加一百萬，

於陳定南紀念館舉辦賴清德「用行動帶來希望」簽書會，賴清德左手側為陳錫南。

請他再加一○一萬,這樣,我們兩人都出三百萬,彼此都不失禮;他毫不猶豫立即答應。

二○一一年三月十一日福島爆發核電廠事故,災況陰霾至今揮之不去。陳錫南在福島核災後,傾盡宜蘭人文基金會之力投入反核,憂國憂民、保家衛台、守護土地環境令人肅然起敬!

二○一二年秋末,我在收看民視連續劇《玄奘取經》時,對陳錫南堅持反核的信念有感而發,即興作詩一首:

> 非核志業艱難行　不爲利來不爲名
> 借問陳董反核路　已過靈山第幾重

二○一二年冬深夜於其住家見其就寢,映入眼簾景象,著實令人心疼與不捨!次日凌晨四點被他來電吵醒,告訴我:想到核四建在斷層帶上,徹夜難眠。我不禁又爲他口占一絕,以誌念之:

> 僵臥病床不自哀　尚思非核護北台
> 夜闌心憂斷層帶　核四災難入夢來

第二通電話打給林宏裕。林宏裕原本就已經捐了一百萬,我請他再加一百萬;卻大出所料的,他竟回答

說：「我再匯一千萬給你好啦。」過幾天，我收到了一封信，拆開一看，是兩張五百萬元的即期支票。

林宏裕，台北工專畢業，榮獲名譽博士學位，受聘為教授，在碩士班授課。白手起家，靠發明致富，擁有三十多件發明專利，並多次獲頒發明獎項；廣做公益、回饋社會、散財行善，卻自奉儉約；《陽光的一生》一書[2]即其人生最佳寫照。

值得一提的是，陳定南當縣長時，曾為拓寬中山國小的校地，拆了林宏裕家的部分房舍，造成林宏裕的父親和家人對陳定南極度不諒解。林宏裕不計前嫌，令人不禁要為他的胸襟和氣度鞠躬致敬！

至此，就湊足了兩千五百萬元，捐款徵信錄一公布就「轉大人」了！

基金會的會計若收到十萬元以上的大筆捐款都會向我報告。有一天，進來一筆兩百萬元的捐款，匯款人是台北市的朱進吉先生。我致電感謝，問他是不是宜蘭人？他說：不是。是否認識陳定南？他說：素昧平生，但很崇拜他，希望典範永遠流傳。朱進吉先生的這番話，讓我心生感佩！這麼多年來，他仍持續匯款贊助基金會，至今累計金額已經超過五百萬元。

我經常被握住雙手，無論是來捐款的或是來參觀的

---

2 張敏超，《陽光的一生》（新北市：陽光公益慈善基金會出版組，2013年）。

人，他們都會對我說：「林老師，真的很感謝，還好你沒有放棄，紀念館終於可以蓋了，讓我們還有個地方表達對部長的懷念！」其實，我最想要感謝的是願意出錢出力、傳承「陳定南精神」而做出奉獻的每一位！有人為了參與建館，可以「剖豬公、挖錢筒」；讓我一直放在心裡，掛在嘴邊的：「捐一百萬的，我們很感謝；捐一百塊的，也使我們很感動！」

　　因為建館，才會有這麼多感動人的故事。而最大的受益者就是我，我因此廣結善緣，家財還未散盡，金牌已閃閃發光，因為人脈才是金牌。

林宏裕贊助宜蘭縣政府推動「幸福宜蘭」計畫，十二年累計金額達一億三千五百萬元。左為牽線人林光義、中為林聰賢縣長、右為林宏裕教授。

陳家古厝終敲定 千人上樑館落成

捐款金額達到兩千五百萬元時，我們就積極尋找建館處所，幾經波折，最後終於敲定陳家古厝。這是陳定南的出生地，由他的祖父陳阿爐先生興建的，已有九十年的歷史。現有的三家住戶都是陳定南的堂兄弟，經過情商，以二千七百萬元買下建地一千兩百坪，撥出東側的三百坪興建新屋供其遷居，基金會則擁有老屋及九百坪建地。

買下土地之後，就可以設計建築圖了。我們成立一個小組，討論如何選擇建築師。我說：「這個沒有別的選擇，就找黃建興。理由是黃建興在陳定南當縣長時，就是都委會委員，做了很多校園更新計畫，成績也都是有目共睹。假如採用公開徵圖的方式，任何一位建築師都可以來參加；如果我們選到黃建興建築師，人家會說話，說我們是內定的，只是做做表面功夫虛晃一招；如果因為怕被人說閒話，故意不選黃建興，我覺得那也說不過去。不如就直接請黃建興來設計，他也樂意奉獻。」所以最後就決定請黃建興來做規劃設計。

我們要辦任何一件事情，都要思慮周到，不能在節骨眼上出狀況。

接著就是動土典禮，我們將設計看板都帶到現場排列，加上捐款徵信錄也寫得很漂亮，又有媒體報導，啟動

二〇〇八年十一月八日陳定南紀念館開工動土典禮，左起紀政、謝文定、林光義、陳定南夫人張昭義、時任民進黨秘書長王拓。

二〇〇九年十一月廿二日，號召千人參加陳定南紀念館上樑儀式。

氣勢，捐款就陸續湧入。紀念館蓋了兩三年，粗胚完成，我們辦了一個「千人上樑」儀式。落成之後，資金差不多都到位了。

二〇一一年開館時，我們請李遠哲來作專題演講，講題是「思考及實現　陳定南最終理想的迫切性」。他首先強調認同陳定南環保立縣的理想，接著剴切闡述他對氣候急速變遷及生物多樣性消失的隱憂；教導我們認知並實踐人類永續性的生活方式。先天下之憂而憂的遠見和智慧，令人茅塞頓開、知所警惕！尤其指引了年輕世代前進的方向。

二〇一二年起我們陸續開辦「青天公民領袖營」、

二〇一一年十一月五日，李遠哲參加陳定南紀念館開館活動，應邀上台致詞。

「陽光青少年營」，聘請各個領域的專家和學者，參與培訓有前瞻性和宇宙觀的青年才俊，為台灣培育一代接一代的小陳定南，厚植建國的根基；迄今已經辦過七、八個梯次了。十幾年來，除了陳定南的民間聲望歷久不衰，黃建築師精心設計的紀念館也歷久彌新，充滿簡樸穩健的特色，和陳定南的人格風範相互輝映。

紀念館落成之後，來了位貴客，他是豐泰企業的王秋雄董事長。王董事長是陳定南的台大同學，他和他的夫人、孫子從雲林遠道而來，我僅在基金會辦公室用清粥小菜款待，我自嘲說：「這是陳定南縣長招待邱創煥主席的規格。」

王董事長在參觀陳定南紀念館的時候，親切地告訴我：「建館期間一直沒有出手挺你，因為大家都在關切此事，資金不虞匱乏；我擔心的是開館以後，營運費用會被疏忽。從現在起，我每年贊助你一百萬元。」

兩年後，他又和家人一起來參觀，臨走時告訴我，從今年起提高贊助金額為二百萬元。

大企業家的高瞻遠矚，讓人忍不住要為他按個讚！

農地他用法不許　自掏腰包繳罰款

基金會擁有的老屋及九百坪建地，蓋完大樓還要留通行的道路，所剩空間非常狹隘，剛好北側接壤的那塊農

田要出售，面積七百坪，每坪要價一萬元，唯恐有人捷足先登，我立刻就把它買下來，正好作為庭園造景、連外通道和停車場之用。

基金會是法人，依法不可以持有農地，我只好用個人的名義登記。

奇妙的是，這筆七百萬元的購地款，原本是要支援小兒子購買新屋之用，兒媳都婉拒不受，正好適時派上用場，小倆口也意外地做了一件功德。

買這塊土地之後，陳定南的堂弟竟然檢舉我違規使用。陳定南一生為官，大公無私，並沒有給陳家人開方便之門，他的堂弟會來杯葛就不足為怪了。

農地一定要農用，變更用途要申請，結果地政處和建設處兩位處長都打電話給我說：「老師，你寫個說明書就好，就沒事了。」結果我寫了說明書就真的沒事了。

不過，過沒多久，那小子又去調查站檢舉，換這兩位處長承擔不起。調查站問兩位處長收到什麼好處？怎麼沒處理？依法可罰三十萬元。我聞訊表示：「三十萬元我出得起，不要為難兩位處長。」為免遭到連續開罰，我只好去找林聰賢縣長，尋求辦理變更用途之法。

林聰賢召集一級主管來會議室開會，也請我過去列席。會議結論是，面積不超過兩公頃的，縣政府可依法變更。至於用什麼名義去申請才能准予變更？就是由三星鄉公所提出計畫，說明陳定南紀念館已經成為觀光景點，每

天出入的車輛人潮很多，需要有停車場，響應政府發展觀光產業，這項投資非做不可，現在有林某人要提供一塊土地開闢為停車場，這塊土地得以變更用途。

就這樣通過了，把農地變更為停車場合法使用；變更之後，我就可以過戶給基金會了。

我請代書幫忙辦理過戶手續。辦手續時，稅務局要課我六百八十萬元的增值稅。我是捐贈又不是買賣，竟然要課我增值稅，到現在問題都還卡住沒辦法解決。

回想我當年參與籌設慧燈中學時，也是稅務局強徵我七百七十五萬元的增值稅，我親自撰文向省政府提出訴願，獲判勝訴。

公理正義未伸張　匣中寶劍夜有聲

李界木因「龍潭購地案」鋃鐺入獄，萬般委屈無處喊冤，司法不公著實令人憤慨髮指！我常於深夜輾轉反側，思憶好友無端捲入「政治風暴」，義憤填膺無處宣洩！或許我本不該邀請他回來擔任基金會董事長？若非如此，李界木在美國過著逍遙樂活的日子，豈不快哉？何至於遭受池魚之殃飽受牢獄之苦？

如何替李界木討公道？那就必須拿出讀書人的唯一武器。

我振筆疾書，於二〇一六年十二月二十五日致最高

法院檢察署檢察總長顏大和書信一封；二〇一七年二月十四日再次致函。最終並未獲得平反，公理正義蕩然無存，至今深感遺憾……

第一封上顏總長書及訴求為李界木平反

顏總長勛鑒：

時局瞬息萬變，只有鈞座和謝委員長對陳部長的情誼始終沒變；這是促使在下冒昧寫這封信的動力，藉以表達由衷的敬意與信賴。

民主深化的台灣已三度政黨輪替，但仍擺脫不了政治的算計和政黨的惡鬥，看不到為國家前途設想的開闊胸襟和恢宏氣度。

蔡英文總統選前曾兩度參訪陳定南紀念園區，他有陳部長為國掄才的眼光，可惜稍欠貫徹決心的魄力，讓別有居心者有政治操弄的空間；謝委員長本應以「十年磨一劍 霜忍未曾試 今日把示君 誰有不平事」的抱負，毅然扛起司法改革的重任！奈何不耐閒言，索性高歌歸去來，徒留傲骨在人間，轉型正義尚何可待！

民調數據說，國人對法官的不信任度高達84％，所以司法改革、轉型正義的呼聲響徹雲霄；郭瑤琪案遭到駁回，總長大人卻被罵到臭頭，寧不知人在江湖身不由己，抑或別有緣由？

　　無可諱言的，我們的司法界確有恐龍法官存在，其所爲判決難以服眾勢所必然。在下曾細讀老友李界木所涉的龍潭購地案，忍不住提筆爲其作不平之鳴；自由時報前總編輯陳進榮副社長看過之後，說要轉給陳守煌研究，想應不會有下文。

　　海明威説"Conscience is a clock which in one man strikes aloud and gives warning; in another the hand points silently to the figure,but doesnt strike."基於良心的驅使，特再拷貝一份，呈請　鈞座過目，希望能仰仗您的凜然正氣，理出一個頭緒，或可還其清白。

　　林山田教授曾説：「我們心中唯二的顏色只有黑與白，別無其他。」(更無藍綠)陳定南部長則強調：「沒有公平正義就沒有和平可期。」爲公理正義，我們不得不仗劍戰鬥！「孰知不向邊庭苦，縱死猶聞俠骨香」。不知鈞座以爲然否？甘冒清聽，尚祈　海涵

　　敬頌　勛祺

　　　　陳定南教育基金會　林光義　謹啓　2016.12.25

　　p.s.紀念陳部長的活動，常有　鈞座相挺，并此敬表感佩。.

轉型正義——為李界木討公道

路遠不須愁日暮　老年終自望河清

引言

檢視李界木的司法案件，理應無罪，竟遭判刑！先射箭再畫靶的痕跡，斑斑可考。

一、首先出手的是王建煊口中的「殘害忠良院」，由馬以工、周陽山、馬秀玲、李炳南四位監委聯手彈劾李界木，過程粗糙、內容荒謬，令人嘆為觀止。(註一)

二、一審法官蔡守訓援引監委彈劾內容，未經查證即重判李界木七年徒刑。二審法官以蔡守訓的判決基礎假設錯誤，而予以推翻，改判李界木緩刑，檢察官提起上訴，最高法院卻不依慣例發回更審，逕行判處三年六個月徒刑而宣告定讞，趕在陳水扁總統拘押期滿前，讓其入監服刑。

三、為羅織阿扁入罪，更動用六位法官，開庭十次，費時三年，再判李界木六個月的偽證罪，卻不採納李界木的測謊要求。

說明

一、根據一〇四年二月十日高院判決，科管局求償敗訴的判決書中稱「李界木簽約過程既未違反職務，亦無違背法令情事，業經最高法院99年度台上字第7078號刑事

判決認定……」云云，最高法院究竟依據什麼理由判李界木有罪？

　　二、李界木應訊時供稱赴總統官邸之行是應吳淑珍之邀，檢方硬拗是奉陳總統之命，而指控李界木說謊犯下偽證罪，李界木主動要求測謊，庭上爲何不採？況依常理推斷，總統要召見部屬，大可透過行政系統通知或傳達，何至透過一個自稱是吳淑珍私人助理的蔡明哲來傳話？

　　接獲最高檢察署回函，長達十張A4文字稿，讀後頗有出師表末句「不知所云」之感！

第二次上書全文

顏總長勛鑒：

　　元月初託張紫微轉呈爲李界木討公道一文，承蒙賜覆，銘感於心。惟總長日理萬機，自不可能鉅細靡遺。遲疑經月，冒然再抒所見，幸勿以不耐糾纏見拒。

　　民主法治國家恆愛標榜無罪推論原則，但本案承審法官卻明顯以主觀意識做有罪推論，再拼湊一些想當然耳的理由來補強罪證。茲略述如下：

　　李界木爲因應廣達公司急需建廠用地，乃再度沿用先前爲開發中科園區(91.7.23)向台糖取得土地之「先租後購」策略，在未到官邸見吳淑珍之前，即於92年12月2日

發文給國科會，同月30日獲行政院同意，將龍潭納入園區，土地取得的法源與取得方式都經行政院核准，怎可硬拗爲「係受吳淑珍指使」？

李界木爲廣達解決用地案是依科管局作業程序，先由第二科做資料蒐集、評比、分析、進行選址作業，再交由第一科去詢價、洽購、議價後，再呈報上級核准。程序審愼完備，而特偵組竟只根據第一科資料而不查第二科選址過程之相關資料，毫無根據地指控李界木一意孤行，設定目標、圖利他人，天乎哀哉！欲加之罪何患無辭？所以二審法官查明第二科資料後，改判緩刑。

三、97年10月28日特偵組突襲李界木住宅，以洗錢罪名羈押25天。事實上，李界木賣出在美國華盛頓D.C.的房子，匯回部分款項用於宜蘭購屋(原本由我代付頭期款)，他因爲錢存於Credit Union(類似信用合作社)，不能直接電匯海外，所以請託有商業銀行戶頭的朋友代匯回台，特偵組爲押人取供，竟以洗錢罪申請拘押，李界木及律師皆未能見到羈押理由書，根本無法申辯，事後閱卷才知道。這就是陳定南部長生前所告誡的體制暴力。類此嚴重違反人權之粗暴行徑，敢問司法公信何在？

李界木處理龍潭開發過程中，從未向達裕、廣達，或任何人要錢，或提起金錢事項。韋成允母親且曾讚嘆中華民國官員難得有如李界木這樣，處事乾淨俐落，毫無所求的人，所以特地親手製作粽子，派人專程送到竹科給李

界木，以表敬意。

　　科管局併購龍潭基地，早有法令依據，取得土地方式都經行政院核准，外人無從干涉，哪來行賄之理？何來對價關係？

　　偽證案只是為要牽拖阿扁有罪而硬拗的栽贓把戲，更不在話下了。吳淑珍確有可議之處，但阿扁有功無罪！

　　千言萬語道不盡，何日有幸一晤君？

　　　　　　　　　　林光義　再拜敬呈　2017.02.14

　　本次接獲最高檢察署回函，僅有一張A4文字稿，略謂「審酌審判過程尚無違誤，所提與非常上訴不符……」云云。為何不說「並無違誤」或「絕無違誤」？在檢察總長的大印末尾處還註明：「檢察總長公假，主任檢察官詹麗麗代行」。

第 七 章

救人濟世　浮屠功德

治癒癌症有良方　服用草藥多運動

　　山田、定南跟它無緣的這帖草藥，治好很多罹患癌症的人；我只要聽說有人罹癌就會加以推薦服用。

　　一間位在宜蘭市區的書局，老闆現年七十歲了，他是在定南過世後沒多久，罹患了膀胱癌，四點五公分的腫瘤；我得知消息後，就立即去看他。

　　他太太眼眶泛紅，我說：「人咧？」她跟我比說：「在樓上，不想和人家見面。」我就直搗黃龍，直接到三樓房間找他，我開玩笑地跟他說：「你這個人不會死，『壞積德』做那麼多，天公伯沒那麼簡單放你走。」「是怎樣的情況？」他說：「去慈濟複檢，竟然說連膀胱也要割掉，因為已經深入到肌肉；割掉之後，要背著一個尿袋，要我怎麼生活下去？我只好順其自然等死了。」我說：「我介紹一帖草藥給你，請你太太熬給你吃。不過有一個要求，我寧願辛苦一點，每次只要我來找你一起健行，你一定要跟我去。」因為吃這帖藥，一定要配合運動，出汗排毒，讓癌細胞餓死。

　　開始服用後，當我第一次去載他時，他說：「你那是什麼東西，我哪有辦法和你出去走路，一喝下去，一天要跑廁所拉四、五次。」這帖草藥藥性比較冷，吃了會拉肚子。我說：「如果是這樣，你就有救了。只是你求好心

切，像『灌肚猴』一樣，人家分兩天喝的東西，你一天就把他喝完。」「從明天開始，照三餐喝就好，不要太貪心，一餐就喝一碗。」

接下來只要一有空，我就會去找他，載他出去爬山走路。大概經過一個月的時間，我跟他說：「你那顆腫瘤太大顆，病情有點嚴重，我在想，光是靠這帖草藥，可能要花很長的時間才能治好，我建議你再去慈濟接受治療，但是絕對不要接受化療，要用電療。」他接受了我的建議，除了服用草藥以及和我去走路運動之外，也做電療。

過了一個多月後，他跟我說：「我聽了你的話，每個禮拜背個背包去醫院排隊等電療，已經過一個半月，去了四、五趟，醫生跟我說：『跟你同期的患者，他們的身體都承受不起，你怎麼越電越勇？』」我說：「你沒有跟醫生說，有一個林半仙在幫你加持。」西醫不會相信這些。我說：「你如果身體撐得住，就繼續讓他電，我繼續幫你鍛練身體。」

約莫半年後，他跟我說：「我現在都好了，醫生幫我檢查說：『那顆腫瘤不見了。』醫生也不相信，除非割除腫瘤，否則絕對不可能不見，用電療也不可能完全消失。醫生要我兩個月後再過去檢查一次。兩個月後再去檢查，還是看不到腫瘤的蹤跡。醫生仍然不相信，再安排一次兩個月後的檢查，沒有經過三次，絕不相信會有這種事情發生。」結果就是真的好了。

十多年了，他現在還活得好好的，生意照做、酒也照喝。

草藥抗癌功效顯　主觀執念且隨緣

有一位牙醫師是我的遠房親戚，他要叫我姑丈，才五十一歲而已，聽說就得了癌症；告訴我這件事的人還跟我說：「牙醫師不想讓人知道他生病的事，很保密，照常在看診。」

有一天我就去他的門診掛號，快中午了才去報到，我是最後一個看診。在診間我直接問他：「阿進，你坦白跟我說，你的身體是不是有狀況？不要瞞我。」他才說，他的膀胱有三公分的腫瘤。我問他：「怎麼處理？」他說：「確診後第二天就馬上安排開刀了。」「開刀之後呢？」「開刀之後就做化療。」「現在身體怎麼樣？」「做化療之後，有一段時間脊椎骨會痠痛，我想說我喜歡打高爾夫球，可能是運動傷害，就去找推拿，也不見改善。我跟主治醫師是好朋友，當初他跟我說：『你這是小症狀，可以治好。』後來主治醫師再幫我追蹤檢查時，卻已經轉移到脊椎了，因此我對主治醫師很不諒解。」

我說：「現在已經那麼嚴重了，癌細胞一旦轉移就很難控制，你不知道嗎？」「今天下午無論你還有幾個病人還沒有看，把門關起來，絕對不可以再看診了，顧身體

比較要緊。」我介紹這帖草藥給他，他說：「姑丈，我是西醫耶！」

過沒多久，人就走了，五十一歲就走了……

因為我的推薦而服用了這帖草藥的人，成功治癒的例子有很多。

宜中的廖俊一校長，二十五年次，八十五歲了。很湊巧，有一天廖校長打電話給我，我問他在哪裡？他說，他去開刀，現在準備要出院了。我問他，開什麼？他說肝腫瘤，我說：「校長，你不可以做化療，過幾天我去看你。」幾天後，我就帶了這帖草藥去看他；爾後，校長夫人跟我拿了藥帖，自行採買熬煮。廖校長到現在身體都還很硬朗。

還有一位也是肝腫瘤開刀，他的年紀比較輕，是林宏裕的同學，也是我的莫逆之交，長年在越南投資做生意。我介紹他開始服用這帖草藥到現在，長達七年的時間不曾間斷過。這七年來，他太太每個月都會請人送來水果，很是感恩。

退休校長胰臟癌　執意化療留遺憾

接任過好幾所學校的陳日春校長，在羅東商職退休。

我三不五時會請朋友在補習班的六樓吃飯。有一次陳校長依約而來時，大家看到他都嚇一跳，「你怎麼瘦那

麼多?」他說他三個月暴瘦六公斤,我問他:「有去醫院
檢查嗎?」他說:「有啊。」「結果怎麼樣?」「明天就
會知道。」那天是四月七日。

　　四月八日晚上我真的去他家看他,很關心他的檢查
結果。他說,胰臟癌剩三個月了。我問他:「你會怕死
嗎?」我聽說美國霍普金斯大學的研究報告,一般罹患癌
症的病人都是嚇死的,不是病死的,他說:「不會,我不
會怕啦,我兒子在當系主任,我女兒也嫁得很好,我也沒
什麼煩惱了,醫生說要我該做準備了,不要緊,三個月就
三個月,我也沒什麼牽掛。」我說:「你不要做化療。」
我馬上請黃棟材幫我去順安青草店買二十帖草藥過來,要
他乖乖吃,就會沒事,這些草藥吃完再去拿。

　　經過三個月,隔了一天我就跟他說:「我們賺到一
天了。」過了一個禮拜,我又跟他說:「我們又賺到一個
禮拜了。」四月八日到九月初,經過了五個月,廖校長要
來看他,廖校長和他的感情很好,在打高爾夫球的時候,
聽到陳罹患胰臟癌的消息,當場席地大哭,那些球友嚇一
大跳,問他怎麼回事,他才說,他接到陳校長得了胰臟癌
的電話。

　　廖校長來看陳之前,先打了電話給我,我說:「你
不用去他家,你搭高鐵轉首都客運過來,我去車站接你就
好,我安排他過來和你一起吃飯,不用去他家。」我帶他
們去一家海產餐廳吃飯,那天有四對夫妻,廖校長和夫

人，還有我和我太太，陳校長和他太太；還有羅東的朋友李武平夫婦，他也是我們基金會的董事。

　　我在餐廳門口等候時，竟然看到陳校長自己開車，我就跟與陳同行的李武平說：「夭壽，叫你載他，反而你被他載。」李武平說：「你也不是不知道，這個人一聽到有好料的，都相爭著要來，我還沒出門，他車子就開到我家了，我哪有辦法？」陳拍拍胸膛比自己，「你看我，我像個病人嗎？」狀況很好。

　　又過了一個月，十月十日那天，他打手機給我，我問說：「你人在哪裡？」他說：「我在運動公園。」「你找我有什麼事情？」「沒有啊！我想請你吃飯。」我說：「怎麼突然想要請我吃飯？」「哎呀，以前每次都讓你請，也該要請你一次。」我問：「在哪裡？」他說：「蓮雨居。」去到那裡，我說：「人咧？」他說：「什麼人？」我說：「你不是說要請吃飯，怎麼都沒看到人？」「阿就請你一個。」我說：「夭壽，你什麼時候也學會了當省長，我請客，每次都是十幾個人，高朋滿座，你請客只請我一個。」

　　原來他那天想跟我說事情，結果沒有說，吃完飯就結束了，什麼也沒說。第二天他才打電話給我，他說：「有一件事要跟你報告。」陳校長算是我的學長，我說：「大仔，你怎麼這樣說，跟我報告，我很不敢當，有什麼事情？」他說：「你曾經交代我不可以去做化療，現在我

準備要去做化療了，當然要跟你報告。」我說：「不要啦！我們已經賺三個月了，四月八日到十月，經過了六個月，醫生說只剩三個月壽命，我們不是已經多賺三個月了嗎？」「那天廖校長來，你還在炫耀自己的身體很好。」他說：「我現在人來到北醫，副院長是我的學生，不會害我，他說我的癌指數還是太高，只有進行化療才有辦法解決。」我說：「你和癌細胞和平共存，會比誰都還活得長壽。」他說：「沒關係啦！我的學生不會害我。」我說：「人家有牌，我也沒牌，要戰也戰輸人家，不過這樣啦！你跟醫生說，做一個禮拜的化療，休息兩個禮拜。」之後他回電話跟我說，他有把我的意思告訴醫生，醫生說，做兩個禮拜的化療，休息一個禮拜，這就差很多了。

結果十一月十一日，我還記得很清楚，過一個月而已，費玲玲要來看他；費玲玲當宜蘭地檢署檢察長時，陳校長是擔任更生保護會主任委員，我是常務委員。我安排在羅東林管處處長辦公室會面，我和費玲玲在那裡等，陳姍姍來遲。我問他肚子怎麼那麼大？他說：「積水，只要一做化療，整個內臟的功能都會受損。」我當時就覺得不妙，隔了一個月，人就走了。

陳校長過世前，江淳信去看他，回來跟我說：「我今天去看陳，大概剩不到兩三天，他有交代兩件事，一件就是後事都要交給我辦，讓我全權負責。」「第二件就是他後悔來做化療，他覺得很不好意思，給你浪費那麼多時

間，那麼辛苦。」

恩威並施老校長　氣喘病發玄機藏

要說我這一生的奇遇，實在說不完，我救過很多人的性命，也很有福氣。像是當過宜中十二年的校長魏景嶷，我也和他相處整整十二年，當學生的時候四年，去師大的時候四年，又被他聘回來當老師四年。

那個年代，教師分發是有潛規則的；要去國中，選學校就不簡單了，去高中甚至要紅包的。教育廳及教育部的大官，都會交代校長要用哪個人，塞紅包、靠關係、走後門的比比皆是。

魏景嶷校長可不是喔，假設今年暑假要聘人，他在寒假，提前一個學期就來師大找人了。

我們那一屆宜中畢業的，有九個念師大，他一口氣全部請回來，上面交代他要用哪些人，都會被他拒絕；他說：「對不起，我們都聘好了。」外縣市的同學都說：「怎麼會有這種事情？你們竟然會有這麼『好康』的事！」

魏校長就是這樣。

他認為教育要辦好，師資很重要，首先必須是科班畢業的，再來聘用校友，起用嫡系子弟才更好要求。老校長對我們很嚴厲，他常說：「年輕人啊！要記住我的話，

吃虧就是占便宜。」他從一九五六年開始擔任宜中校長，到一九六八年調任岡山中學才離開。自此後，我們就再無聯繫……

　　直到一九八五年春，有一天我臨時起意撥了電話，想邀請他回來參加宜中校慶。接電話的是校長夫人，她說：「對不起，校長氣喘病發作，情況危急，我正不知道該怎麼辦？」我說：「師母，請放心，我立刻叫救護車。」

　　我馬上打電話給任職高雄市政府新聞處的宜中學弟

一九五七年省立宜中初中部畢業照，第二排中間五位師長，左起依序為國文老師吳承鐸、教務主任盧達、校長魏景嶷、訓導主任孫治吳、英文老師劉琰；第二排左二為林光義。

楊景旭,我說:「景旭,趕快叫救護車,左營崇實新村七號,魏校長氣喘病發作,情況危急!」楊景旭立刻採取行動,邀集同為宜中校友的地政處長林中森馳往救援;之後,我到醫院看他,他老淚縱橫地對我說:「你要幫我寫一封信謝謝他們,人家林中森貴為政務官,還幫我穿褲子。」

命懸一線急送醫　機智應變搶生機

宜中有一個學生要上體育課的時候,從台階上跳下去,腳踩到水溝,整個趴倒在地,臉色蒼白送醫急救。我回到家,太太連忙對我說:「你不知道,對面的阿芬哭得要死,他兒子在你們學校跌了一跤,在新生綜合醫院急救,你快去看看。」

我趕到時,正在輸血,我問醫師:「什麼問題?」醫師說:「內出血,很嚴重快要休克了。」我問:「內出血是哪裡出血?」醫師說:「應該是腎臟,腎臟最脆弱。」我問醫師:「小便有血嗎?」他說:「沒有。」我說:「那不是腎臟,小便沒有血,哪裡是腎臟的問題,一定是脾臟。」他說:「有可能喔。」我說:「脾臟出血,就要馬上開刀,否則出血過多,壓迫到心臟就沒救了。」他說:「老醫師不在,我不敢開。」我說:「你趕快打電話連絡博愛醫院,我立刻把人送過去。」

　　我馬上打電話回家給我太太，請隔壁的老李將他的那輛廂型車開過來，因爲孩子的父母都不知所措，慌了手腳。老李來的時候，我們將床墊權當擔架，合力將孩子抬上車，馬上開往羅東博愛醫院。

　　到博愛醫院的時候，醫生已經在準備了，三位醫師在那裡討論了半天，不知道該怎麼辦。我問：「怎麼樣，現在確定該怎麼做？」「是不是脾臟破裂？」「可能是啦！」我說：「可能是，還不趕快開刀？」「這個我們不敢開，最好送到台北去。」我說：「來得及嗎？」醫師說：「拚拚看吧！」

　　我的天啊！那時的路況，從北宜開車到台北人就死了。我就叫隔壁開廂型車的老李，「抬起來，我們抬去聖母醫院。」從這裡出去拐個彎就是聖母醫院的後門。聖母醫院也是一位年輕醫師，看一看不知所措，我說：「大醫師呢？」大醫師OKI¹很出名。值班護士說：「大醫師下班回去休息了。」我說：「趕快叫他來。」她說：「我不敢，休息時間，我不敢打擾他。」我大喊：「人命關天，休什麼息，你再不叫的話，我把你的桌子都翻掉。」「好啦！叫就叫，你那麼凶做什麼？」大醫師一來，用針從學生的肚子戳下去，「啊！脾臟破裂，趕快送開刀房，馬上

1　「大醫師」范鳳龍（1913年1月14日－1990年10月11日），斯洛維尼亞人，長期在宜蘭羅東聖母醫院服務，宜蘭人稱為「Oki」、「大醫師」，去世後得到第八屆醫療奉獻獎。

開刀。」

　　因為我的判斷無誤、應變及時加上處置得宜，孩子
的一條命才得以救回……他叫張銘智，現在應該有五十幾
歲了。

四肢癱瘓一老友　急轉台大救一命

　　一生熱心公益、身兼宜中教育基金會董事長的陳先
生，係羅東民權路一家出名西藥房老闆。某天，我陪陳定
南部長赴花蓮參加更保會頒獎後，在回程的北迴線火車
上，雖然手機響個不停，卻始終接聽不上。等回到家，太
太跟我說：「陳董事長的兒子找你找得很急，你有沒有接
到電話？」我說：「我在北迴線上接不到電話，陳的兒子
不認識我，他自己為何不直接打電話給我，要叫他兒子
打？一定是陳董事長出事了，我趕快去羅東看他。」

　　去到他家，他太太說：「他的手和腳都不能動，被
送去博愛了。」我趕到博愛，他兒子看到我，高興得不得
了，趕快去拿檢查報告給我看。我說：「我不是醫生看不
懂，你只要告訴我，醫生怎麼說？」醫生說：「他第三節
和第四節之間的脊椎破裂，後天要幫他開刀。」我說：
「不行，博愛醫院沒有開脊椎的能力，這個需要神經外
科，我說馬上送台大醫院。」他說：「台大醫院一床難
求，不可能啦！」

　　我馬上打手機給我的學生，當時是台大副院長的陳明豐。我說：「明豐，你現在在哪裡？」「我在日本。」我說：「火化（Hué hua）了，這麼緊急的事情，你跑去日本。」他說：「老師，沒關係，我可以遙控。」我就把情況說給他聽。過一下子他回覆我：「老師，已經安排好了，馬上把人送過去。」

　　幸好我這個後來當院長的學生很周到，他還交代神經外科的招牌醫師林瑞明來關心。林瑞明來病房看：「怎麼樣？」陳的兒子代為回答說：「腳和手都不能動。」剛才來看他的醫師說：「後天要幫他開刀，說是第四節和第五節之間的脊椎破裂。」林瑞明說：「不對，不對，第四節和第五節之間的脊椎是管腳不管手的，你連手都不能動，那是頸椎的問題。」「來，我幫你檢查一下。」一檢查完，就說：「你好走運，你的頸椎已經阻塞百分之八十六了，如果去開脊椎，開完你就完蛋了，馬上送開刀房動頸椎手術。」開好時，已經可以起來走動，很高興，又問醫師說：「我的第四節和第五節之間脊椎什麼時候開？」醫師說：「那個不要緊，藥吃一吃就好了。」

　　開刀後到現在，也過了二十年，陳董事長身體健康無恙。

　　我遇到這方面的例子太多了，這就是做事情要當機立斷。

重賞之下有勇夫　五千塊錢命救回

　　某一年的中秋節中午，我在家正準備用餐，突然電話鈴響，姪女來電緊急向我求援；她的公公在省立宜蘭醫院住院，上完廁所卻倒地不起，我急忙騎上五○CC的機車趕過去，偏偏院裡的醫師們都在休假，幸虧鄰近的陳家鎮外科醫院院長及時趕來幫他輸血急救。

　　陳院長告訴我，親家公是搭公路局的車子在北宜公路撞車受傷，宜蘭醫院只做了外傷治療，不知脾臟破裂、包膜未破，上廁所時被震破、大量出血。陳院長並非宜蘭醫院的醫師，不能越俎代庖為其開刀，建議轉送三軍總醫院；因為親家公的兒子（我的姪女婿）是職業軍人，所以我立刻急電聯絡三總，請院方預做準備。

　　誰知，宜蘭醫院的救護車司機竟然說下午另有任務無法出勤……宜蘭醫院主其事者顢頇作法，令人費解！

　　我分秒必爭，立刻跳上機車直奔普門醫院洽借救護車；車子借到了卻苦無司機。我立馬找上位於昇平街，常受僱代駕的水果攤老闆；豈料，老闆娘卻以中秋節生意正忙為由堅拒。我毫不思索，當場掏出五千塊錢，塞入她的手中，終於獲其首肯。

　　當年的五千塊錢可不是一筆小數目。

　　同時，我還趕往地母廟旁，請求宜蘭醫院的一位輪

休護士隨車照顧患者。抓緊千鈞一髮的時刻抵達三總後，醫師們說，若再晚十五分鐘，腹腔積血壓迫心臟就回天乏術了。

病急投醫需思慮　找對醫師方治癒

　　救人逸事津津樂道之餘，順帶也將與我結縭超過半世紀的賢內助，求醫問診的「輝煌事蹟」記上一筆。

　　二〇一八年九月間，老姊送來一隻自己飼養且已烹調好的土雞，蒸熟後淋上鹽水與高粱酒，香氣四溢令人垂涎。老婆大人操刀開斬之際，不慎斬斷一根手指，緊急送醫縫合。

　　細針頗費工夫，可能是因為全身麻醉，臥床過久，竟感覺下半身脊椎痠痛。經復健科治療多次無效，轉而找推拿師醫治，不知換了多少位醫師都不見好；經朋友介紹，在榮民分院打了一個月的骨針還是沒有效果；透過學生的幫忙，台大醫院的骨科也去看了幾回，仍然毫無起色。

　　如此經歷了十幾位醫師的診療，煎熬數月，病情加劇，可謂痛不欲生。

　　二〇一九年二月，我與我的學生陳朝岳輪值作東，在國賓飯店宴請由李遠哲創辦的張昭鼎基金會的董事和顧問們。因心繫臥病在家的老婆，於是悄悄地告訴陳朝岳：

「我現在是家庭煮夫兼看護，歸心似箭。」他還虧了我一下：「老師沒有看護執照，我要檢舉。」

第二天，一大早就接到他的電話：「老師，我六點零三分就幫師母掛到國泰醫院神經外科黃金山醫師，請老師帶師母過來，十一點半我在大門口等。」我也隨即通知在台北外商銀行工作的大兒子，讓他十一點到國泰醫院後，推一台輪椅在大門口接媽媽。

陳朝岳是一位事業有成的企業家，樂善好施、熱心公益；由於他的妥善安排，磁振造影、心臟超音波檢查，診斷過程都很順利。

第二天上午十一點進開刀房。黃金山醫師比喻這個手術，就像是重塑一間鋼筋彎曲斷裂的危樓一樣，要建置新的支架並灌漿使其牢固；術前術後都有影片可以讓家屬仔細地看清楚。

老婆大人從開刀房出來時，面露笑容，並能行走自如；一週後即出院返家。

長達半年之久，四處求醫，不僅徒勞，劇烈的疼痛使得老婆無法坐臥，夜夜難以成眠，看似簡單的作息卻成了大大的問題；家人看了心疼卻也束手無策。黃金山醫師仁心仁術，妙手回春，讓我又能再見老婆的笑容，恩同再造！感激之餘，隨心寫了一紙短籤敬謝，內文如下：

感謝黃金山医师救我老伴
妙手四天,天佑老伴
好在有您,有您真好

萬事可忘,難忘者大恩一椿
千般易淡,未淡者美酒三杯

謹託朝岳奉上金門高梁
敬表謝忱!
2019孟春 林光義 謹誌

感謝黃金山醫師妙手回春

行善積德福有歸　急公好義運自迴

　　二〇〇九年九月間，我不慎跌了一跤，因不以為意，並未就醫；約莫個把月後，突感不適，一群老友趕忙將我送往陽明大學附設醫院，經檢查，顱內出血必須緊急開刀。

　　院方火速安排，將我送進開刀房，由神經外科謝炳賢醫師執刀，挑燈夜戰迄凌晨兩點多，終於把我從鬼門關拉回來。

　　住院二十二天期間，我更發現楊純豪院長領導的醫療團隊高水準的醫術和敬業精神，足堪奉為醫界典範！據一位資深護理師說，楊院長最讓人佩服的是，他能聘請到最優秀的醫師組成堅強的醫療陣容，這不僅需要有遠見、肯用心，而且要有相當的能耐才能辦得到。在此，向所有的醫療團隊，表達我最高的感佩和敬意！

　　我非醫師，卻屢屢「躬逢盛會」，救人於危急時刻！機緣巧合不勝枚舉。而在即將跨進八十歲的門檻時，遭逢此難，能夠安然化險為夷，奇蹟般獲救，或許就是急公好義慢慢積累的澤蔭，沒想到竟也讓自己在無形中獲得福報。

感恩謝炳賢医师
妙手回天，賜我重生

韋君妙術比神仙
仁侔天心療萬千
桃燈夜战挋危亡
匡德不讓扁盧貲

　　林光義　謹誌
2019．12．1．

感恩謝炳賢醫師妙手回天

見證宜蘭發展史
——黃瑞疆老師自述

　　陳儀深按：二〇二〇夏天做完林光義先生口述訪談稿以後，我接著做黃瑞疆老師的訪談，但黃老師對於根據錄音整理出來的「產品」不滿意，就動手寫了這篇自述。由於黃瑞疆是林光義的學生，同樣與陳定南有第一手的接觸經驗，這幾年他也是陳定南紀念館的導覽志工（我認為是「王牌」解說員），所以得到林光義先生的同意，把這篇自述作為本書的附錄。

出生於三星鄉的沒落豪農家庭

　　我出生在宜蘭縣三星鄉雙賢村，俗稱破布烏的一個沒落豪農的家庭，自懂事起便要分擔操持家事。農事不說，小學二年級開始便須擔菜沿街叫賣，暑假期間每天背著一桶枝仔冰，手搖鈴鐘遊走大小農路，賣完才准回家。三餐陪著全家人圍著一口大鼎從豬菜鍋中撈起番薯裹腹，十年之間幾乎很少嚐到米飯的香味。高中三年雖然已經有了米飯可食，每天中午便當一打開便迅速用便當蓋將菜蓋起來，因為裡面僅有幾塊菜脯和四分之一的煎蛋。環顧左鄰右舍，大魚大肉香氣四溢，實在令人煎熬，時間一久倒也就習慣了。

　　我上有兩個姊姊，下有兩個弟弟，還有一個妹妹三歲時就夭折了。因為貧窮，二姊幼年便出養員山鄉游姓人家當童養媳，度過非常悲慘的早年生活，所幸禍福相倚，老來子孝孫賢，兒女事業有成。大姊遠渡重洋旅美四十

年，洋女婿在英特爾，女兒在谷歌，兩個兒子亦都各安其份。小弟政大地政所碩士，在高工局打通雪隧後轉往高鐵局完成桃園機場捷運後，今年退休，如今在他下湖山莊農場種芭樂（番石榴）為樂。我的二弟腦袋絕頂聰明，偏偏不愛讀書，國中一畢業便跑去修車廠當學徒，差點和家父斷絕父子關係，後轉行大型起重機業，成為北台灣最負盛名的業主。一九九三年搭上西進熱潮，變賣數台重型稱仔車（起重吊車），和朋友集資兩億新台幣，遠赴江蘇揚州拆船廠準備大賺一番，不料半年不到認賠殺出，鎩羽而歸。原來他的前面一家日本業主早就被共黨幹部搞到傾家蕩產，我二弟被「抓交替」剛好而已。所幸返台後東山再起，如今又是一尾活龍。我育有二子，長孫兩歲多，愛唱反調，才辯敏捷，聽說有乃祖之風。這是我們大房的大致情形。

　　家曾祖黃木全係三星鄉第三代開拓者，擁五、六十甲農地，為繼陳輝煌及潘阿邊之後三星鄉最大地主。黃木全大正七年（一九一八）六月二十二日，分戶設籍於宜蘭廳浮洲堡叭哩沙庄土名破布烏三百三十九番地。從歪仔歪頭目潘阿邊三百多甲土地中購得部分產權，加上自力開墾，共計五十多甲。又善經商，於三星街鬧區創辦「德豐碾米廠」，並購得鎮安宮以西至三星郵局一帶大部分街屋。遺憾的是國民政府耕者有其田及三七五減租土改政策，造成長工及佃農分蝕地主的憾事。加上子孫不肖，黃木全晚年已家產蕩盡，風光不再。

　　一九一四年起太平山林場初伐，早期無蒸氣集材機及運搬車，黃木全憑藉他過人的經商頭腦及農閒時三百台牛車，承攬太平山林場木材搬運，事業飛煌騰達，家運如日中天，遂不惜巨資，昭和初年以三萬日圓，禮聘唐山地理仙勘測正身朝東北的特殊陽宅，起造轟動一時的破布烏紅瓦厝。正身護龍、內外庭院、護城河、刺竹林及帶有銃孔的城牆一應俱全。劉守成縣長時，縣史館調查建議納入縣級古蹟，後因故作罷。

　　黃木全因田產龐大，人力不足，除分佃十數戶耕作外，並招贅女婿，廣納長工分擔勞力。家父黃壽昌以三百日圓被買進為大房螟蛉子繼承香火。因家祖父二十四歲被山豬頂死，祖母改嫁長工，兩歲多的家父頓失怙恃，公學校僅能讀半天，下午便與長工看顧三百頭牛群。某日牛群越過蘭陽溪乾河床，侵入大同鄉原民番薯園，家父被綁在樹頭，泰雅婦人高舉斧頭口叫「谷旦谷旦」，頭目驚聞家父尖叫求救，急忙奔出制止說：「這是黃木全的孫子，妳敢動手！」危急中救回家父一命。黃木全個性草莽、交遊廣闊、雄霸一方，三星警察分室辦理重刑案時必照會他一聲。

　　可惜好景不常，國民政府來台，土改雷厲風行，一向草莽作風的黃木全每日藉酒澆「仇」，坐視佃農勾結縣府測量隊侵蝕地主土地，更可恨的是長工李阿圳開始巴結黨政要員，沒幾年功夫便將德豐米廠及周遭房舍過戶他名下，並憑藉這些雄厚財力，一舉由目不識丁的長工當選宜

蘭縣議員，且連當六屆並交棒子及孫姪輩，歷久不衰。這種長工吞食地主的現象，正是國民黨殖民台灣的血淚縮影。更不幸的是，目前市值三、四千萬元的三合院老宅，竟淪爲第五房獨吞的局面，黃木全死後有知，當慟哭於九泉之下。

黃木全富不過一代，遺害子孫，我細漢時早稻剛上埕，債主量秤馬上過來，入不敷出的結果，家父只得利用農閒時四處做小工，甚至遠赴南投水里當伐木工人。也許沒落豪農之故，黃家三合院古宅特多靈異故事發生。曾祖父過世後，父母以大房長孫之名住進曾祖房間，時我仍在尿床的年齡，父母白天做工務農，爲了補眠，不堪我尿床的困擾，家母用手撍我大腿警告，我有時哭叫、有時睡到床腳，這時曾祖父雙手抱胸，腳踏在門檻上瞪著我母親說：「阿鳳仔，這個囝以後會出脫（有出息），妳毋通按呢虐待伊。」這樣的警告連續上演，直到我擺脫被撍大腿的噩運，曾祖父的影像就不再出現了。

九歲小二那年冬天夜裡，我照例在灶腳餐桌上作功課，大約九點左右，突然一陣冷風襲面，五燭光電燈微弱的光影中，一個白衣人幽然從窗前「飄過」，嚇出一身冷汗的我依舊強作鎮定，說時遲那時快，窗外白衣人再度現身，反方向從窗前飄過，是一個無頭的白衣青年。此時年方九歲的我小小的心中，已經明確地知道我看見了什麼。因爲驚嚇過度，什麼都不敢講，大病一場後母親只好求神問佛，一個月後我才道出眞相，原來那無頭白衣人是我繼

承香火名叫阿寶的族叔,十六歲那年病逝,因係富家少爺,生前長年身穿白色府綢襯衫。母親安慰我說:「你不用驚,他是來探視你的。」

雖然家道中落,家父卻相當重視我們的教育,他本人在半工半讀下勉強自公學校畢業,日文程度全年級數一數二,生前與老一代原住民皆以日語溝通,戰後憑自修努力,不但能讀漢文報紙,也會記帳並為小孩書寫名字,督導我們功課,家母則長於數字計算,尤善於心算。一九六〇年強颱波蜜拉橫掃宜蘭,全縣一半以上房屋倒塌,黃家三合院無法倖免,護龍一支橫樑從天而降,直插進我家臥房,全家大小躲在八腳眠床底下倖免於難。不幸的是隔天風雨稍歇,我一腳踩在四叔公傾倒的雞舍上,一根生鏽的五吋釘刺穿左腳板,一時痛徹心扉,卻因家貧無法就醫,母親只得土法煉鋼,用她化妝面油塗抹傷口。到了第三天終於破傷風發作,牙關緊咬,高燒不退,才緊急送往大病院急救(省立宜蘭醫院),住院三個月恍同鬼門關走一回。接著整整兩年無法開嘴講話,直到八歲才入學。

一九二〇年代起,三星地區蓬勃發展,天送埤和員山水力發電廠均在三星庄內,加上太平山林場開發,森林鐵路貫穿三星平原,日籍公務人員、技師、伐木工人大量湧入三星,三分之一土地握在日人手中,三星成為繼宜蘭、羅東之後最繁華熱鬧的街市,電影院、特種行業應運而生。因為人口急速膨脹,明治四十三年(一九一〇)成立的三星公學校成為全縣排名第六的百年名校,現在監察

院長陳菊即為一九六三年畢業於三星國小的傑出校友。三星國中則為原日本子弟就讀之三星小學校，創校於大正二年（一九一三）並設高等科（國中部），為全縣僅有七所小學校中之第五所，三星之繁榮發達、人口眾多可見一斑。戰後嬰兒潮讓三星依舊人潮滾滾，一九六二年本人就讀的三星國小一個年級五班，每班六十多人，全校近兩千人。可惜近幾年少子化風暴，全鄉一年新生嬰兒不到一百人，全鄉五所國小平均分配不到二十人，難怪被認為是「國安問題」。

　　大姊長我五歲，小學畢業後便將菜擔交到我身上，我每天挑菜沿街叫賣，賣完才將菜擔子擱在教室後面開始聽課，五、六年間風雨無阻，功課卻始終保持全班第一名。一九六八年考進三星初中最後一屆，因長年貧困操勞，突然病倒，十月份才到校報到，母親一手拎著兩隻土雞，一手拿著一麻袋土豆，懇求導師接納照顧。第一次月考緊接到來，國文一科我考了全年級第二高分，驚動全校，至今同學聚會仍傳為美談。初一導師敖新安是一位年輕貌美的外省英文老師，一天上課時發現張坤波同學趴在桌上哭泣不止，導師一再關心追問到底怎麼了，張坤波突然站起來大叫：「莊振杉抓我屪葩啦！」空氣中一種尷尬的氣氛突然擴散開來，同學紛紛掩嘴不敢出聲。導師發現事況不妙，找來班長官裕良（省議員官來壽之子）問明究竟：「什麼是屪葩？」不料一臉稚氣的官裕良不假思索大聲指著自己褲襠說：「這裡啦！下面啦！」這時大家才忍

俊不住哄堂大笑。年輕女導師一時不知所措，氣得跑回辦公室。

有一天下課時，林燦章約女友張淑貞在學校中庭談判，大夥趴在教室窗邊觀戰，不料一言不合，張淑貞突然伸出右掌用力甩在林燦章左臉上，清脆的巴掌聲從中庭傳來，只見左臉印著鮮紅掌印的林燦章落寞地回到教室，張淑貞從此聲名鵲起，「五百」的綽號不脛而走。三年匆匆而逝，初三下，期末考剛過，大夥離情依依，一天有人帶著望遠鏡來，朝中庭對面三年愛班女生遙望；輪到李國進（後當牙醫師，已往生）時，他突然發現新大陸似地大聲驚呼，原來對面女同學也用望遠鏡向這邊對望，一時全班男生就像發情的公狗般興奮起來。可堪當年男女同學情竇初開，如今驀然回首，依稀往事仍然歷歷在目。

宜蘭高中龍虎榜

一九七〇年如願考上省立宜中高中部，這莫大的榮耀帶來父母一時極大的自尊與快樂，畢竟宜蘭第一學府絕非虛名，她培育了無數的社會精英與政壇領袖，林義雄、陳定南、鄭南榕、游錫堃、丁渝洲、林錫耀、胡勝正、李界木、鄭文堂、林忠勝、鄭瑞城、陳良博、林宏裕、鄧振中、薛丕拱……數不勝數。我的學號是九一四七，九代表民國五十九年，一四七代表入學成績排名，如果扣除宜中末代直升約八十名，那麼我的聯考成績應是全縣總排名第

六十七名，擠得上考場勝利組。當年「省立」高中職只有宜中、蘭女和宜農三校，其他都是縣立的，「省立宜中」的名號人人稱羨，宜中人自然有一種「走路有風」的神氣。身為名門大校，師資自與三星初中時不同凡響，同樣是外省老師，我在初三那年遇到一位地理老師成天吹噓中國地大物博的牛皮，有一天他問我們如果把台灣丟在東北森林會變成什麼？有人猜一個縣，有人說一個鄉，有人比較心虛地說一個村吧！秦老師斬釘截鐵地告訴大家：「你們都錯了，是一個小公園。」唬得大家目瞪口呆，接著他安慰大家：「你們也不必氣餒，將來要是反攻大陸，大家都有機會當縣長，至少也可以當鄉長。」初一時的何姓地理老師更離譜，他大概有精神上的問題，上課時西裝內藏著一支藤條，以濃厚的鄉音講課，比較難以預防的是他的藤條隨時會出「鞘」。當然我們也遇上不少的好老師，像初三導師覃斌，他自印國文講義，並逐字翻譯文言，幫助我們「破解」古文有很大的貢獻。

　　我高一時與楊宏智同班，他目前任職台大機械所教授兼行政院飛安會主委，現已擴編為國家運輸事故處理委員會。導師唐元是一個很具紳士作風的英文老師，他經常頭髮油亮、西裝筆挺，很有學者架勢。國文老師王偓則是一個慈祥儒雅的長者，一九八二年我回母校教書時，他已退休住在校內單身宿舍成為我的隔鄰，後來輾轉得知他與陳國蘭老師都是白色恐怖的受害者，經常被警總和調查局的人約談，開放探親後他已返回上海老家，落葉歸根。校

長陳永康因係七十二烈士陳庚辛遺族，侄兒陳懷生又是U-2偵察機殉職英雄，聽說底氣很夠。有一年不知是學長廖學興還是我們高二陸班長吳聯信擔任班聯會會長時，曾經揭發學校弊端，時與陳校長起激烈衝突，在一次朝會上陳校長慷慨辯解，還引起台下全校學生喝倒彩，令我印象深刻，至今未忘。

高三下學期，學校來了一位風雲人物，高我兩屆的大學長，台大農工系讀了一年便投筆從戎的林正義。因為是台灣史上第一個棄學從軍的高材生，加上台灣剛退出聯合國不久，國民黨政府風雨飄搖之際，林正義立即成了當局振奮人心的仙丹妙藥，媒體大肆報導，蔣介石總統親自接見，軍方重點栽培，真可謂集榮寵於一身。一九七二年秋林正義凱歸母校，在宜中復興路旁廣場面對母校全校師生慷慨陳辭，抒發他棄文從武、報效國家的心路歷程。台上近一百八十公分高大健壯的身影，俊朗堅毅的面龐和那滔滔的辯才，翩翩的氣度，觸發了我們這群年輕學弟們無限崇拜的激情。

一九七九年，我在六軍團桃園更寮腳八吋榴砲營服預官役，官拜少尉輔導長，消息傳來五月十六日晚上金門馬山連連長叛逃，高層震驚不已，金防部部隊大換防，軍中謠言四起，國防部為顧及顏面，竟以失蹤結案，還發撫恤金安慰家屬。多年以後林正義以林毅夫全新的名字登上北京政治舞台，成為中國政協常委、世界銀行副行長、國務總理朱鎔基首席經濟顧問。當背叛者一夜之間安享敵國

高官厚祿，而這個敵國又是荼毒自己人民，危害世界的專制暴力大國，林正義這種事例恐怕得煩勞歷史學家去做評斷。作為反面教材，人性的扭曲邪惡，也許是一個不錯的例證。

在台灣苦難的時代洪流中，宜蘭中學也難倖免，一九四七年二二八事件發生，北平師範大學畢業的國文老師趙桐被捕遇害，屍體被棄置南方澳海灘，他擔任導師的班級由班長陳兆震帶領全班至海灘收屍並處理善後。趙老師在台舉目無親，在宜中上課時被闖進教室的軍人當場帶走，死時年方二十六歲，是個戴眼鏡書卷氣濃厚的彬彬君子。多年以後他的得意弟子陳兆震在縣議員任上遭國民黨政府以貪汙「被認罪」，判刑關押十多年。趙桐老師死因眾說紛紜，有人認為他是汪精衛派系的上尉軍官，國民黨藉二二八的機會剷除異己。二二八期間有多名宜中校友亦遭株連。

宜中學風自由，運動風氣蓬勃，尤其足球一項遠近馳名，全校大約三分之一同學下課鐘響便衝向操場或廣場踢球，第三節下課多數人便當已嗑光，好讓午休時間可以踢個過癮，雨天照例撐傘踢完整個午休。一九八○至九○年代宜蘭縣教師足球聯賽，宜中隊所向無敵。而目前國家足球隊宜中校友亦扮演舉「足」輕重的「腳」色。

宜中三年唯一令我苦惱的是數學一科，名師雲集的宜中數學科確實培養了不少數理精英高材生，尤其台大醫學系在聯考放榜後，宜中人鮮少缺席。然而對我這個先天

不足後天又失調的數理盲而言，數學成了我終生夢魘。初一晚了一個月才入學，趕不上進度的我開始自動放棄，高中聯考數學一科只拿了十九分，大學聯考更慘，十‧八六分，朋友挖苦我說：「你考了四位數，比醫學系厲害。」高中三年每天通勤時間耗費至少四個小時，尤其冬令時間，一早五點起床，六點第一班公車從破布烏至羅東公車站四十分鐘，徒步至羅東火車站二十分鐘，蒸汽火車至宜蘭站二十分鐘，宜蘭站徒步至宜中三十分鐘，加上整隊及候車時間，單程剛好兩個鐘頭，傍晚放學反向重來一趟。高三那年幸賴姑媽蕭謝嬌娥的收留住到宜蘭市。

　　高一時教我們數學的李後鈴老師，個子瘦小，體力驚人，長於越野賽跑。他的小考永遠都是兩道題三種分數，每次全班至少一半以上零分，我永遠是其中一員。後來聽同學說補習有效，於是忍到高二下我終於報名陳穎滔老師的課後補習，這次的決定果然讓我大有斬獲，卻跟數學絕對無關。一九九八年某天三星宜厝來了一位稀客，大舞蹈家羅曼菲翩然來訪，我自我介紹說是她同學，她半信半疑說小學嗎？我說高中，這下她更大惑不解了，她讀蘭陽女中全部都是女生，怎會有我這個高中男同學呢？我說高二時陳穎滔補習班的故事給她聽，她恍然大悟哈哈大笑。羅曼菲是蘭陽舞蹈團出身，自小習舞，人又漂亮，經常出國表演比賽，成了媒體寵兒，就讀蘭女時成了宜中男生的夢中情人。補習班上課時她坐前排中間位置，後面全是宜中男生，多數都是衝著羅曼菲而來。部分大膽男生每

每趁老師不注意，將寫著「我愛你」的字條用橡皮筋射向天花板再直接彈落羅曼菲桌上，這些醉翁之意不在酒的「少年豬哥」想必花了不少功夫在紙彈發射上，人人身懷絕技，百發百中，彈無虛發。據羅曼菲說，有時一堂課可以收到十幾發紙彈，她都一笑置之，畢竟人家還是見多識廣的女中豪傑啊。羅曼菲與我同年參加大學聯考，她考上台大外文，後出國專攻本行舞蹈，回國後參加雲門舞集，成為台灣舞蹈界一姊。雖然在補習班和羅曼菲有一段短期間的「同學」奇緣，我的數學成績依舊一敗塗地，大學聯考只拿了「十·八六」分。這個惡夢干擾我半輩子，午夜夢醒常常一身冷汗，怎麼已經教書多年了，還在為數學解題痛苦不堪。

二〇〇六年三月羅曼菲罹患肺腺癌末期不幸去世，七個多月後的十一月五日陳定南也因肺腺癌相繼辭世，不到一年內，連續折損了兩個縣籍台灣精英，造化弄人，令人浩歎。

林光義先生是我高二高三英文老師，他英文教學自有一套系統，循序漸進條理井然，訓練我們一看到生字便能掌握正確發音，能正確發音單字的記憶自然事半功倍，文法分析和文章閱讀道理亦同。一九七三年大學聯考第一次採用電腦閱卷，鄉下學校因為模擬次數不足，不少人二B鉛筆塗卡時手部發抖，不但時間延誤，稍一不慎畫出格外便被扣分，這對宜中考生相對不利，在這種壓力下我的英文仍然考了五十九分，已超過高標分實屬不易，也因此彌補了我數學低

分的險況，終於順利應屆考上省立高雄師範學院國文系，林老師的教導功不可沒。林光義老師於國立台灣師範大學教育系英文組畢業後即回母校宜中教英文，由於教學有方，領導服眾，桃李繽紛，成就斐然。林老師和陳定南一樣兩人都具有超強的記憶力，博極群典，過目不忘。因此除了英文專業外，他的漢文造詣亦不遑多讓，舉凡詩詞歌賦、章回小說、歷史典故無不瞭若指掌，每每脫口而出，分毫無誤。很多人第一次接觸都誤以為他是正牌的國文老師。林老師還有一項和陳定南極為相似的人格特質，就是「濟弱扶貧，不計回報」，一九九六年本人三星宜蘭厝起造至一半，因為貸款一時沒有著落，工資發不出去，工程停擺。情急之下只得低頭向老師求援，林老師二話不說立刻拿出一百萬元借我應急，並特別交代不用利息，有錢再還。此事讓我銘記在心，沒齒難忘。後來才漸漸知道林老師解人難關，助人為樂的事蹟數不勝數。莫怪陳定南紀念館草創之初，在他登高一呼之下，受他感召的人紛紛慷慨解囊。總而言之，一向才華洋溢、人如其名的林光義老師，「學貫中西，博通今古」是他為學求知的寫照，「光風霽日月，義氣薄雲天」則是他一生人格的典型。

大學四年：高雄師範學院國文系

　　每次人生重大轉折時，就是我身心健康的一大考驗，小學、初中如此，高中一年級時痔瘡的毛病整整困擾

了我一年，神奇的是靠著偏方每天塗抹豬膽竟然痊癒。一九七三年十月我搭乘晚間八點半平快蒸氣直達車從羅東出發，第二天早上八點抵達高雄車站，從此展開我的大學四年黃金歲月。由於無法適應都會的緊張環境，熬不到期末考便因為嚴重十二指腸潰瘍而病倒，幸好秀芬叔母正在高雄娘家準備北返，遂請託她護送我回羅東聖母醫院救回一命。大學四年匆匆而過點滴在心，大二那年來了一個學弟，是蘭嶼的第一個大學生，以體育專長卻保送師院國文系的奇人鍾趕波，他的體力和速度是我生平僅見國文系男生較少的，過往我們國文系每次系際大隊接力都敬陪末座，自從大二起鍾趕波入隊，他壓陣跑最後一棒，每次都能追上兩三個系，從此成為高師院的風雲人物。系足球賽時，國文系偶爾可以進入冠、亞軍決賽，因為幾乎沒有人敢攔阻鍾趕波，等於他一人縱橫全場，無人能敵。另一個奇人是周野，應該低我兩屆，他是一個從廈門泅水到金門的「反共義士」，英挺高大，一口橫笛吹奏的絕技，迷倒滿座聽眾。遇到學校重大節慶，如開學或畢典，一曲翠堤春曉笛音嫋嫋，繞樑三日，相信不少師院美女為他傾倒。畢業後常在中時看到他有關「匪情」的評論，並娶了一個台大醫學系畢業的美女醫生為妻。鍾趕波任教蘭嶼國中退休後幾年，因夜捕龍蝦一去不返。徒手閉氣一次可達五、六分鐘的潛水達人竟死在他最熟悉的蘭嶼礁岩內，令人不勝唏噓。

　　大學四年中最大收穫是以「打工換書」方式在啟聖

書店幫忙，四年下來我的藏書已達近千冊之譜，傲視群倫，有時金額不足只好寫信向遠在美國的大姊求救。此後數十年購書不斷，如今家中汗牛充棟，坐擁書城，實人生一大快事。可惜「愛情學分」卻徹底交了白卷，四年之中一無所獲。

　　大三暑假黃永武系主任帶領我們赴澎湖各島探訪，台澎輪在布袋港起錨後直航馬公，如台灣本島小鄉鎮一般，四十四年前的澎湖低矮民房櫛比鱗次，民風淳樸。我們遍遊馬公、望安、七美諸島，一時激發了我「離島教書」的念頭。一九七七年盛夏我帶著大學畢業證書、身分證件先赴一趟台東縣政府教育局報到（因畢業前已完成師範生志願分發）。主辦人員告訴我台東市寶桑國中、新生國中、東海國中都是明星學校，任你選擇，我直接告知第一志願「蘭嶼國中」，遠方角落依稀傳來「攔來一個肖的」，我心想應該指的是我，畢竟連我也不知道蘭嶼是圓還是扁，只知四十多年前的蘭嶼傳說中是一個極度落伍的蠻荒之地。

任教蘭嶼國中兩年

　　八月底我終於背著簡單行囊和數箱書籍，再度搭公車沿著單線管制的蘇花公路，一路顛跳，驚險萬狀抵達花蓮，接著改搭蒸氣小火車（比縱貫線略小）沿花東縱谷往南直奔，深夜抵達台東市，次早赴豐年機場首次搭西斯納

九人座小飛機飛往蘭嶼，橫越四十九海里浪花翻騰的太平洋海面，約莫半個鐘頭平安降落蘭嶼機場。午後一時砂石跑道上除點綴著幾個修路的管訓隊員外，偌大機場上幾無其他人影，一種落魄漂泊的心緒突然湧上心頭，懷疑自己是不是做了錯誤的決定。

　　蘭嶼是一個十分神祕的國度，僅三十八公里的海岸線、四十四平方公里面積的小島，卻是山高水長、青蔥翠綠，處處生機的人間樂園。獨特的地下屋、傳統丁字褲、強烈的海洋漁獵文化令人神往不已。尤其那線條優雅、雕刻精美、做工堅實遠近馳名的拼板舟，更早已成了台灣文化的具體象徵，一如自由女神之於美國，富士山之於日本一樣，達悟拼板舟正是台灣國家意象最鮮明易懂的辨識系統，因此不論你在國家大門：桃園國際機場入境大廳，抑或外交、貿易展場都可見到她的迷人身影。此外作為觀光藝品行銷的小型拼板舟雕刻作品亦頗為可觀，值得珍藏，我的學生周鳴鹿正是此中高手。

　　我在蘭嶼國中前後兩年，一九七七年擔任事務主任，全校六班兩百四十個學生全部享受公費待遇，吃、住、學費全免。因此事務工作十分繁重，每天凌晨四點開始督促伙房學生磨做豆漿、蒸煮饅頭，七點開餐，八點照常排班上課，一有空檔便赴廚房督導廚工準備午、晚餐，傍晚天尚未暗巡視機房起動發電機。有一次颱風剛過，學生餐廳一條裸露電線被強風扭斷，我正在搶修接線時，工讀生突然啟動十八匹馬力的發電機，二二〇伏特高壓電瞬

間將我手上的螺絲起子氣化成半截，承蒙上帝垂憐，讓僅握橡膠把柄的我逃過一次死劫。蘭嶼海風強勁，長年侵蝕，蘭嶼國中又緊臨海邊，房舍維修困難，水泥路面都由我帶領工讀生一起施作。比較繁重的是每週一趟舊蘭嶼輪入港，兩百五、六十名全校師生的伙食補給，全賴六、七名工讀生和一輛破手拉車搬運。為了感謝這些「子弟兵」的辛勞，每回我到台東辦理採購事宜，總會買一雙他們最喜歡的慢跑鞋犒賞他們。二〇〇四年我重回蘭嶼一趟，發現這群行將邁入中年的子弟兵幾乎都還在單身狀態，慨嘆他們真的是弱勢中的弱勢一族了。

當年蘭嶼常見超齡學生，偶爾我們幾位老師會上山「追捕」逃課學生回校上課。和其他台灣原住民一樣，蘭嶼學生天生好嗓子，外國遊客最喜歡在晚自習時陪他們合唱，天籟之聲經常迴繞在校園上空，令人陶醉不已。

戒嚴時期「取締流氓條例」帶來蘭嶼不小的衝擊，蘭嶼成了全台甲級流氓的集中管訓地點，東清管訓隊尤其令人聞風喪膽，放風時手銬腳鐐寸步不離，唯恐早年高精鐘越獄逃亡事件重演，有些外役隊員也會帶來部分原民家庭的紛擾。但所謂盜亦有道，大部分管訓隊員都保有道上大哥的「風範」，待人謙遜有禮。一九七八年端午加菜，由事務處經營的學校四健會提供一頭黑豬幫師生加菜，我專程請來一位隊員前來殺豬，不料一刀刺進，雖然鮮血如湧而出，卻未刺中心臟，再經隊員一陣攪動，黑豬不堪痛苦號叫，接著奮力掙脫捆索，脖子帶著豬刀狂奔而出，大

夥在後面繞著操場緊追不捨，追到海邊黑豬終於氣血耗盡不支倒地。這次請管訓隊黑道大哥殺豬一事讓我們深感詫異，原來「殺人容易殺豬難」啊！

我認識的另外一位隊員陳清泉在結訓後留在蘭嶼，與當地女子結婚生子，經營砂石場事業有成，後來卻被左翼人權作家關曉榮在《蘭嶼報告書》中描繪成一個剝削當地人的惡霸，孰是孰非，因我離開蘭嶼時間久遠無法評論。

一九八〇年我在服完一年又十個月的預官役後返回宜蘭，適巧羅東高工有一個國文教師缺，家父請託公學校時期的同窗好友，兼家母娘家遠房親戚的鄉籍省議員打聽

一九七九年任教蘭嶼國中時與學生合影（黃瑞疆提供）

消息，回話說校長要五萬元，其餘免談。我十分生氣向家父表明決不接受這種屈辱，於是重返蘭嶼國中一年，這時校長方世玉是台南大內鄉人，人稱大內高手。最令他深感不平的是：從大內國小第一名畢業後考上師範學校，升格為師專畢業後又插考師範大學，最後做到校長榮耀鄉里。可是很令他洩氣的是每次同學會時，大家都開賓士，只有他一個人騎著50CC摩托車與會。偏偏這些開賓士的同學在當年有眼睛張不開的、有嘴巴合不攏的、有流鼻涕的，也有流口水的，如今個個都比他富有。原來有些人在台南民族路夜市擺攤致富，也有些靠生產聖誕燈泡外銷美國發財的，有點類似今天中國的土豪一樣。大內高手方世玉校長的慨歎不禁讓我想起一則台灣古諺，相當耐人尋味，特在此提出，和遠在台南的他「遙相共勉」，諺云：「第一名佇攑竹高叉，上尾名佇做頭家，賭的頭殼累累，嘴講拍謝，拍謝。」

軍旅生涯

我在一年又十個月的軍旅生涯中也有一些值得回味的往事，高三下學期基於反共復國的愛國情操，百分之九十以上的應屆畢業生在教官的勸誘下集體加入了國民黨，四年後我以國民黨員身分考取政戰預官二十七期，但因教學實習一年之故延緩一年入伍，成為二十八期少尉輔導長。一九七九年初分發桃園龍岡六軍團八吋榴砲六四一

營擔任營部連見習輔導長，駐地更寮腳。後由軍團砲兵一般支援營改編為新竹軍直屬砲兵營改駐竹北犁頭山砲兵六〇〇群，因屬於拖砲，由十三噸履帶車拖拉，不但砲身笨重，起落架耗時十五分鐘，未久再度改編為海岸砲，駐點在桃園海湖至觀音一線，營部連在觀音海邊。八吋榴炮為一九五八年八二三金門砲戰時大敗中國，捍衛台灣的護國神器，可以說若無八吋榴就無金門大捷，若無金門大捷便無今日自由民主的台灣。一九五八年八月二十三日下午六時三十分，廈門六百多門大砲突然齊轟金門，抗戰名將吉星文等三名副司令陣亡殉國，接下來四十四天，面積僅一百四十八平方公里的金門島掉下了四十九萬發砲彈，地表幾成廢墟，軍民死傷慘重，情況岌岌可危。存亡之際幸賴美軍於九月二十日自琉球基地增援數門八吋榴彈砲由澎湖轉運金門。九月二十八日兩枚八吋榴彈定點齊爆，廈門火車站滿目瘡痍，從鷹廈鐵路增援而至的解放軍一萬多人「全師」覆沒。金門形勢一夕逆轉，台灣轉危為安，八吋榴砲的威力再度揚名天下，中國為自找下台階，十月五日起宣布單打雙不打，雙方你來我往長達二十年。

　　八吋榴彈可怕之處在於它的高爆殺傷面積極廣，大約一百六十公尺直徑範圍內無一倖存，不被砲片擊中也必七孔流血而死，它的彈頭重達九十公斤，必須由四名阿兵哥抬起推進砲孔。在一次砲操觀摩表演時，我現場扛起一顆未裝引信的彈頭，迎來一陣熱烈的掌聲，同袍中有一新兵突然認出曾經一同在梨山87K處，簡介山梨園挑梨打工

的我，一時倍感親切，有他鄉遇故知的欣喜。

原來大學畢業那年夏天，我趁未到蘭嶼國中赴任的兩個月，前往簡介山梨園打工挑梨。簡介山是天送埤人，在梨山87K處承租數公頃梨園因而致富，不出幾年便在豐原置產無數，但對於工人待遇卻相當苛刻，採梨工資一天一百元，挑工一百五十元至兩百元，我因小時候經常隨父母上山挑番薯訓練有素，自動加入大師父工每天兩百元。大師父工上坡必須挑七十台斤，下坡一百二十台斤，很多挑工經不起考驗紛紛打退堂鼓，改投其他雇主。在僱工不易情況下，我自告奮勇向園主又是同鄉的簡老闆獻策：「重賞之下必有勇夫」，不料老闆欣然同意將挑工工資調升為兩百至兩百五十元。初出茅廬的我一下子便替園主和工人之間締造了一個共創雙贏的新局面，大學生也能挑梨的美譽不脛而走，更贏得不少年輕採梨女工的另眼相待，成了我一段極為美好的回憶。

駐紮觀音營區期間，每當連長輪休時，我一定自動帶隊構築防禦壕溝的工事，並親自帶頭扛沙包，有次甚至和在一旁袖手旁觀的傳令兵陳明枝起衝突，他曾在基隆小夜曲餐廳殺人被判刑，連長將他納為心腹，他也因此恃寵而驕，對阿兵哥頤指氣使。雖然我在一向封閉的軍中短短不到兩年，加上小小的少尉預官，深知生存不易，多數人都抱著多一事不如少一事，凡事睜一眼閉一眼的心態數饅頭等待退伍。但我一向抱著對事不對人的處世原則勇往直前，倒也能夠安然無恙直到離營。在更寮腳營區任見習輔

導長時，適逢六四一營從金門換防回台，連長陳乃誠在金門時向參三作戰士錢景豐借貸三萬元，回台後錢景豐屢次向他催討無著，我的師父（是在待退狀態的老輔仔）也就是政大畢業的李錫津也不理睬，於是即將退伍的錢景豐只好向我哭訴，我這個初生之犢不畏虎的少尉准輔導長當即心裡一橫，逕自發文向軍部政三處監察官檢舉，害得陳乃誠在軍法處看守所待了三個月，後來聽說因係軍人世家子弟，無罪判決並提早退伍，由副連長李運金接任連長。在觀音營區待退的最後兩個月，我突然也有一種「師老兵疲」的滄桑感覺，凡事將就得過且過。這段期間每逢月底深夜，觀音街上的鐵牛三輪搬運車就會到伙房將餘糧清光變賣，這是軍中極其嚴重的積弊，變賣所得由那些職業軍官上下分贓。原來海岸砲兵嚴格要求固定六分之一官兵輪休制度，部隊常年保持六分之五戰力，但當時據我瞭解很多連隊擅自決定四分之一輪休，造成休假人多、餘糧增加、又無法核銷的結果，有點類似清朝末年或國民黨大陸時期有些部隊虛兵實糧的腐敗現象。在那個戒嚴時代，一黨專政，軍中陋習何止一端。

我在軍中曾兩度下基地，一次在埤頭營區，牆外私娼寮生意興隆，每逢收假，連上四、五個阿兵哥固定要找醫官報到，檢查他們的菜花、淋病。還有一家柑仔店（雜貨店）緊臨連部牆外，店主女兒台北商專放暑假回來顧店，和我們這一群預備軍官很談得來，她的身材高挑、容貌姣好、笑容可掬，閒來我們幾個年輕預官便趴在牆頭一

邊買東西一邊攀談，雙方都樂此不疲，更讓我們在無聊的軍旅生涯中增添不少的回味。當年規定軍人放假必須穿著軍服，我每次放假一走出營門便朝著員林交流道附近斜坡上一號高速公路，然後手一揮貨櫃聯結車便自動停靠過來，屢試不爽，這些跑長途的司機最喜歡身著軍服的預官搭便車，一方面安全可靠，陪他們聊天避免睡神干擾，二方面又可節省嚼食檳榔的花費，我們則享受免費搭便車的方便，真正達到共創雙贏。另一次下基地因逢田中營區爆滿，又逢暑假剛好借用北斗高中教室宿營，意外讓我開了台灣學校建築偷工減料的眼界，中南部夏天多雷雨，雨水從三樓地板直漏下來，二樓一樓到處雨水無一倖免，官兵皆感無奈。

下基地時我們的八吋巨砲固守原來陣地，改由七五山砲向濁水溪下游河床實彈演習，第二次因營輔導長黃大中高級班受訓，由我這個營部連少尉輔導長代理四個月，作戰會議過後接著由我上陣對全營官兵精神喊話：「各位弟兄，自從美匪建交以來，共匪謀我日亟，我軍當發揮以少勝多，以寡敵眾的革命戰法，殲滅來犯匪軍……」五分鐘喊話鏗鏘有力，接著呼口號然後大軍出發，這時我腰掛九零手槍，乘坐專屬吉普車神氣地緊隨營長座車後頭。

返鄉執教：南安國中、宜蘭高中

我在南方澳南安國中任教兩年，漁村子弟活潑好

動，野性和蘭嶼孩子不遑多讓。有一次一群女學生從教師辦公室走廊經過，其中一位突然爆出一句台語三字經，一位新進年輕女老師忍不住跑去找訓導主任，主任告訴她：「慢慢習慣就會好了。」女老師當場啞口無言。在一次校務會議上，一向能言善道的伍學基（越南淪陷後來台僑生）突然向校長葉秉遺開砲說：「你的工讀生陳議仁在我英文課上將課本往桌子上重重一摔，同時高聲罵我『XX娘』。」伍老師完全模仿當時陳議仁的粗暴動作，痛責校長作何處置，不料在一陣尷尬過後，竟然爆出全場熱烈掌聲。原來陳議仁的管教問題早已令很多任課老師困擾不已，伍老師只不過代他們發出不平之鳴而已。葉校長為解決這個棘手問題，只得將陳議仁帶在身邊跟進跟出，有時叫他搬東西，有時粉刷油漆，仿如傳令兵一般。但所謂「防賊一暝，做賊一更」，實在防不勝防，有一回下課時間，正在粉刷牆壁的陳議仁竟拿起沾滿白色油漆的刷子突然往路過同學身上刷去，造成不少家長的抗議。一九八二年我離開南安轉往宜中任教，不出幾年南安國中整體由山頂遷往海邊現址，陳定南縣長以「校園整體規劃」的全新概念，聘請名師做全盤完善的設計，完成一座美輪美奐的濱海黌宮，遠近馳名。

　　過去台灣校園格局呆板，校舍建築偷工減料明目張膽，危險教室所在多有，礙於國家財政，政府也只能因陋就簡，有一間的預算就改建一間。危險教室的改建自然成為台灣校園的長期亂象。一九八二年初起陳定南縣長一上

任，立即帶領推動全台史無前例的「校園整體規劃」革新進程，並以南澳鄉武塔國小為試金石，禮聘台灣「社區建築」先驅淡江大學建築系，年僅三十歲的陳志梧教授前來規劃設計。陳志梧是宜蘭人，不但才華洋溢學有專精，並長年參與淡水歷史建築調查及社區規劃，推動建築史教育，被譽為淡江才子。無奈天忌英才，這位建築界的明日之星竟於一九九七年突然隕落，得年四十五歲。繼武塔之後東澳國小、永樂國小、南安國中、過嶺國小……，一間接著一間各具特色的美麗校園，就像散落在蘭陽大地上一株又一株婀娜迷人的美麗花朵。陳定南推動校園更新計劃的創舉和多項改進教學方法的卓越貢獻，使宜蘭縣在「六年國教考評」上年年全國第一。而當年追隨陳定南的本地建築師如黃建興、張仲堅……等也因此聲譽鵲起。九二一中部校園災後重建，也因為他們的全力投入，而被譽為是陳定南宜蘭經驗的輸出。

宜蘭市畢竟是宜蘭縣的政治中心，訊息傳遞的樞紐，在這裡讓我度過人生最多采多姿的黃金年華，尤其是投入教育改革及各種政治變革的洪流，見證了大時代的歷史變遷。實可謂躬逢其盛不枉此生。

一九八二年我參加甄試回母校宜蘭高中任教，一方面相對於其他學校，宜中自來便有一種比較自由的風氣，另一方面當時黨外民主運動風起雲湧。我一邊教書一邊積極參與教育改革運動。在林玉体教授號召下，一九八〇年代末我們一群熱愛本土、關心教育的中、小學教師籌組了

「教師人權促進會宜蘭縣分會」，由張捷隆擔任創會會
長，我任副會長。大會結束當晚九點多，家父堵在家門
口，心情沉重、聲色俱厲地痛責我，書不好好教，搞什麼
政治。一九九二年繼賴瑞鼎之後由我接任會長，任內除繼
續為戒嚴時期受迫害之教師伸張正義，參與各種教改論壇
外，有兩件宜蘭教育史上值得一書的「大事」，第一件事
是我們主辦了第一次台語演講比賽，為長期被打壓歧視的
台語教育邁出了艱難的第一步，因此我們特別禮聘陳定南
立委、黃鷗波大師及康濟時老師等擔任評審，比賽分小
學、國中、高中、大專及社會組，最後評選決賽三名頒
獎。我記得當時還榮獲林宗義（二二八受難第一位台灣哲

擔任宜蘭高中國文老師時（黃瑞疆提供）

學博士林茂生哲嗣）博士自海外寄來冠軍題匾一幀。而當時社會組冠軍得主則是黨外運動健將，人稱冬山黑狗的黃正源獲得。第二件大事更值得一提，一九九一年初，因為宜蘭縣後指部準備由宜蘭市內遷移到金六結營區旁南屏國小校地，南屏國小面臨廢校的窘境，學區準備一分為二，一半與員山國小併校，一半劃入光復國小。學校師生在家長會長黃正義（賴瑞鼎親戚）帶領下走向街頭抗議，一面請教權會主持公道，一九九二年初我帶領教權會理監事多人至宜蘭縣政府請願，獲游錫堃縣長親自接待並當場同意妥善處理。後來再經多方奔走努力，終於敲定文中三現址重新復校。因係文中用地，依法不得作為小學使用，於是只得變通辦法，先由復興國中出面籌劃建校，工程完工後再以復興國中南屏分校的名義交南屏國小使用。在黃建興建築師的巧手擘劃下，一九九六年底一座享譽各界全新的南屏國小終於在全體師生的殷殷期盼下重獲新生。二〇〇三年內政部建築研究所舉辦第一屆全國綠建築獎徵選，黃建興的南屏國小和林志成建築師設計的宜蘭厝三星黃宅同獲殊榮，值得特別在此一提。

一九九〇年在少數開明教師如林光義、黃文雄、賴瑞鼎、黃增添及本人的推波助瀾下，宜中成立了全台第一個高中學生自助會，引起媒體高度關注。宜蘭縣自來以蘭陽溪劃分成溪南、溪北不但成為政治攻防的分界，也形成學區的壁壘，公民數溪南比溪北多一萬人，偏偏溪北有四所普通高中，而溪南僅羅東高中一所，佔盡地利及人口之

優勢。加上高中社區化後，宜中在招生上更是雪上加霜，公平競爭力逐年消失，招收女生之議終於浮出檯面。二○○○年李有賢任宜中校長時，因擔心蘭陽女中反彈而反對，後經本人及吳茂松、潘炳麟等老師「力諫」下終於說服李校長，再經本人聯繫張川田立委安排拜會教育部范巽綠次長，終獲同意宜中每年招收一班女生，溪北的數理資優女生能選讀宜中終成定局。退休之前我也榮膺高中國文科「九五課綱」小組委員，為台灣本土化教學略盡棉薄之力。

參加教師聯盟、投入助選工作

　　一九九二年初我和一群台獨意識鮮明的縣籍老師聯袂加入知名作家林雙不老師召集的「台灣教師聯盟」。主張「今天的教育，明天的台灣」，為培養「新台灣人」而努力。林雙不依靠他個人魅力和廣大的人脈，很快便籌夠了四部全新的「箱型車」，內配整套擴音設備，分屬北中南東四個演講團，每週六、日分頭密集下鄉演講，而且不論廟口、夜市，不論陰雨、晴天，人多人少從不間斷，不出幾年便已累計超過一千場次以上，與日治時代「文化協會」諸先賢的表現毫不遜色。其中林雙不特殊的口才，很快便贏得廣大群眾的推崇，並成為黨外候選人競相邀請的五星級免費助講員。林雙不演講雖無蘇貞昌的滔滔雄辯，卻有陳定南的條理分明與謝長廷的幽默風趣，有時令人沉

思低迴，有時令人捧腹大笑，百聽不厭。我想一個偉大的時代一定有不同凡響的偉大人物，放眼當今台灣，林雙不雖無任何一官半職，輝煌家業，若論演講才華，排名當在前五大演說家而無愧。至於坐能握筆疾書，起而侃侃論述的，恐怕再也無人能出其右。阿扁執政後他歸隱多年，直至近年來連續應陳定南紀念館誠邀，再度下山，場場座無虛席，笑聲掌聲不絕於耳，顯見他寶刀未老，魅力依舊。聯盟不但集合台灣中、小學教師精英於一堂，而且個個建國意志堅定不移，尤其陳來興老師的油畫作品更早已揚名國際；牛津大學聖凱瑟琳學院榮譽退休院士、世界著名藝術史巨擘邁克爾‧蘇立文在他的巨著《二十世紀中國藝術與藝術家》一書中，陳來興不但是極少數被記錄的台灣畫家，他一九八四年的九十四號油畫更被放在書前幾頁顯著位置。雖然他尚未獲民進黨政府的肯定與表揚，在台灣美術的成就上卻早已屹立不搖。多年前他的一○○號畫作在香港富比士拍賣會上以合新台幣五百萬賣出。陳來興更鮮為人知的是他的文學天賦，不但常在《自立晚報》上寫評論，更寫了幾篇鏗鏘有力、感人至深的短篇小說。他的人道關懷與本土運動更是無役不與。他早年不但在台北紫藤廬提供一百多幅畫作供黨外人士義賣，林濁水選立委的第一場政見會上，他也慨贈不少油畫義賣，雖然所有義賣後尚餘七十多幅不知被哪些人私吞，至今下落不明。陳來興亦從不加追究，只知這些當年落拓不堪的黨外人士或新潮流幹部，如今多已身居要職。因有感於林義雄先生為台灣

的重大犧牲與付出，陳來興更義不容辭地為慈林新館創作大型懸吊壁畫，成為慈林的專屬畫家。晚年的陳來興與林義雄成為莫逆之交，偉大畫家與台灣人格者相激相蕩，已為台灣現代史留下一段佳話。

　　林雙不與陳定南結緣於一九九四年省長選戰，當時賴瑞鼎已由副會長升任聯盟第二任會長，經常陪著候選人陳定南「全省」走透透。林雙不負責指揮調度聯盟四大講團，我則專責花東兩縣的補強。這時宜中校園雖然依舊籠罩在黨國體系的陰影下，校方當權者卻也不敢違逆時代變局，於是睜一眼閉一眼將賴瑞鼎和我禮拜六的課挪開，以方便為陳定南助選。數年後因為主持「宜蘭之聲」廣播電台，叩應時間偶然一個熟悉的師母聲音，我才恍然大悟，

一九九四年省長選舉，母親與我的么兒攝於五輛廣告車之一前。（黃瑞疆提供）

原來暗助賴瑞鼎和我的貴人除林光義老師外，還有我尊敬的教務主任林民雄等多人，爲他們當年不畏高壓主持正義的道德勇氣，在此特申無限感恩並以告慰陳定南在天之靈。

大選期間每逢禮拜五傍晚，我便開著三噸半的廂型車出發，沿路播放「四百年來第一戰，要把台灣變青天」的競選戰歌，到達花蓮後有時沿花東海岸，有時走花東縱谷，跑遍每一個村落，傍晚則由友人安排演講場地隨機開講，有時一個鐘頭，有時三十分鐘，大部分時間都由我主講，被戲稱一人演講團，卻令我甘之如飴、樂此不疲。有一回在台東都蘭部落，由當地知名歌王潘進添（當年包青天連續戲劇熱演，被尊稱潘青天）坐我右側沿路用阿美語廣播，到了傍晚時分，「好戲」正式上場，我手持麥克風開講不到三分鐘，台下開始交頭接耳，我問一旁的潘進添，他們在議論什麼？潘進添很尷尬地回我說：「他們在談論怎麼沒有蒜頭精？」事後潘進添向我解釋並一再道歉，原來，若以替陳定南助講名義，絕對乏人問津。爲吸引族人前來，他施了一個小小手段先騙到再說，結果卻弄巧成拙。這件事讓我深刻體認到一個嚴肅課題，就是族群之間若能聽懂對方語言並互相欣賞，該是一件多麼重要而美好的事情，就如與台灣相仿的瑞士，不論是德語、法語、義大利語甚或只占百分之一人口的古羅曼語，都成了她們的官方語言，各族群之間溝通無礙，台灣的語言教育真是還有一段漫漫長路。

　　我有時會帶著即將入學的大兒子和未滿兩足歲的小兒子同行，有一回適逢陳定南在台東掃街演講，台東市這一場演講過後連夜趕赴關山再加一場，車隊風馳電掣，我的廂型車緊追不捨，在鹿野山路一個轉彎處踩了一個緊急剎車，當時沒有繫安全帶的規定和習慣，兩個兒子從座位上彈起，同時撞上擋風玻璃，差點惹出大禍，小兒子嚇得嚎啕大哭。關山這一場，沈富雄上台助講，讓我大開「耳界」，事後和他短暫交談，為他的辯才折服不已。後來有一次在溪南台九線，陳定南和宋楚瑜互相拚場，兩邊場地相距不遠且都萬頭鑽動，宋陣營請來本土天王豬哥亮壓軸，陳陣營則戰將如雲，我特別約我太太前往聆聽，輪到沈富雄時，他一開口便似連珠炮一樣橫掃全場，台下群眾聽得如癡如醉。可惜一向聰明絕頂自視過人的台灣雄哥，二○○四年爆發陳由豪給吳淑珍的政治獻金案後，與民進黨漸行漸遠，二○○八年接受馬總統提名參選監察院副院長卻慘遭邱毅無情羞辱，藍營立委強力杯葛倉皇落敗，兩面不討好，最終淪為統媒名嘴。

　　除一人演講團遊走花東村落外，回防宜蘭後我又扮起一人文宣的工作。當時陳營資源有限，宋楚瑜則家大業大，黨產豐厚如山，媒體排山倒海。為了補強空虛後防，當年似有無窮體力的我白天教課，晚上做文宣，文字稿完成交黃增添美編，標題則送黑豆嫂照相打字，最後由真善美彩色印刷廠印製。選戰最後兩個月不到，我連趕六波文宣放在總部供人取閱，其中「細漢偷挽匏，大漢偷牽牛」

暗諷宋在政大時助人作弊這一波最獲好評。據我觀察這場選戰陳定南並非毫無勝算，但因黨內巨頭各有盤算，後期陳定南逐漸水漲船高聲勢看好，國民黨終於使出殺手鐧：「陳定南若當選，新台幣將變成人民幣。」一天二十四小時不停在老三台電視上播出，弄得人心浮動，中間選民一夕逆轉。而且選前一週左右宜蘭縣政府突然宣布「打通騎樓」，更令陳定南選情雪上加霜，終致無力回天。

其實這個不幸結局早在初選時便有蛛絲馬跡可循。一九九四年七月三十一日省長黨內初選結果揭曉，幹部票陳定南六十五票，張俊宏八十六票，廢票六張，換算成得票比數為41%比55%。黨員票陳八千零一票，張五千八百三十三票，比數57%對42%，總計得票陳定南以1%反敗為勝，宜蘭子弟陳定南終於代表台灣本土和連台語都聽不懂的宋楚瑜一決高下，這是人口數排在末段班的每一個宜蘭人都感殊榮的一件大喜事。開票當天下午四點，我一下課便匆忙趕赴民權新路縣黨部想迎接這歷史光榮的一刻。當天主持計票工作的是同為三星人的黨部執行長劉燉亮，我剛好就站在他前面，奇怪的是當張俊宏的幹部票一路領先時，他始終露著詭異的微笑，但當黨員票陸續開出來時，我觀察到他的臉色開始轉變，等全部開完他突然一聲：「咱輸去啊！」接著轉頭離開。劉燉亮後來擔任三星鄉長，死於第二任內，與國民黨相對而言，對於鄉政還算尚有一番作為。但令我至今仍然困惑不解的是，省長初選他竟以宜蘭縣黨部執行長的身份，公開表態力挺南

投縣籍的張俊宏，是自家品牌輸人，還是背後另有高人指點？為恐良心不安愧對陳定南，並免於歷史留白之憾，特將當年親眼所見，親耳所聞聊記於此，以為憑鑑。

一九九〇年五月初李煥請辭行政院長，五月三日《首都早報》率先透露李登輝總統將起用國防部長郝柏村接替組閣，機警的三月野百合學運學生立刻再度集結中正紀念堂廣場，情緒逐漸升溫，五月六日星期日我偕妻子帶著未滿四歲的長子也來到廣場靜坐，傍晚時分陳映真剛一上台準備發言，台下群眾大聲起鬨，我的學生陳世強（現任彰化師大美術系教授）箭步向前大叫陳映真下台，在眾怒難犯下，大紅統陳映真只好鼻子一摸乖乖下台，意外形成「郝柏村尚未上台組閣，紅統陳映真卻先下台」的小小諷刺畫面。

五月七日《首都早報》頭版大標題「討李滿天下眞郝笑」，底下一幅長子坐在我肩上的

與長子參加「反軍人干政」運動（黃瑞疆提供）

彩色照片赫然在目。這幅照片後來被我放在該年擔任導師的畢業紀念冊上，校方要求撤下，我堅不妥協，不料出版時校方臨時動了手腳，將我和兒子頭上「反軍人干政」的白布條塗黑，我也只能徒呼奈何。

還有一事必須一提，同年三月野百合學運期間，環繞學校中庭辦公室對面，一整排二樓班級，於午休之前突然一起放下白底黑字的抗議布條，內容寫著「解散國民大會、廢除臨時條款、召開國是會議、公布政改時間表」四大學運訴求和台北遙相呼應，訓導處一時措手不及，緊急召集各班班長，弄了半天問不出所以然，只好不了了之。事後我於高一時擔任導師班的學生陳偉智偷偷告訴我，是他和幾個當年都是我學生的同學共同秘密策劃。我說你們不怕被記過開除？他說老師都不怕被解聘，我們怕什麼？陳偉智「嗜史如命」，文筆流暢，高中三年經常在《噶瑪蘭雜誌》投稿，台大歷史系時便已是《宜蘭文獻》的常見撰稿人，後來公費留學在紐約大學歷史研究所畢業，今已在中央研究院歷史所供職。歷經幾次風波後，我成了學校當局的頭痛人物，一九九二年有一天校長羅富山把我叫到校長室，用極其溫馨的語氣告訴我說，聽說你又添了一個兒子，此後你會更加忙碌，不妨暫時休息一陣子，下來擔任專任老師。我體會羅校長的弦外之音，並體念他的兩難處境，當場答應他的請求，從此以後我連B段名師的班導也當不成了。

永遠的青天 ── 陳定南

（一）金三角戰勝鐵三角

　　我對政治人物沒有什麼特殊定見，唯一要求的是理念清晰，立場堅定，否則能力再強，地位再高也容易被看破手腳，危害國家人民。一九九五年民進黨總統候選人的初選期間，彭明敏來宜蘭光復國小辦說明會，我在毫無準備的情形下穿著短褲就被拱上台講話，我那天講台獨議題講得很起勁，我看到台下的地方首長有點不自在，當年競選時還在總部懸掛國旗。陳定南縣長任內，為了宜蘭縣二二八受難者，特別在宜蘭運動公園中軸道設了一個小小的花崗石金字塔，作為將來設立二二八紀念碑的預留處，此事拖到劉守成縣長時才告完成，因為中間有人認為二二八事件宜蘭沒死幾個人，何必自找麻煩。陳定南的台獨立場十分堅定，雖然他沒有掛在嘴上，卻從行動上展露無餘。一九八七年底鄭南榕「二二八和平日運動列車」來到宜蘭，數千人冒雨在羅東遊行，我懷中抱著年僅一年四個月的長子和妻子走在人群中，旁邊一個萬華來的歐吉桑以激勵的口吻說你這個囝仔將來可以做台灣總統，我當場一笑置之。時間飛逝三十三年一晃而過，若有機會我真想跟這位僅有一面之緣的長者說，可惜我這個兒子連村長選舉都興趣索然，如何做總統？當晚遊行結束立刻在公正國小舉辦萬人演講會，陳定南上台慷慨陳詞，台下朋友紛紛

為他捏一把冷汗，認為他講得比鄭南榕還要「鹹」。陳定南也是鄭南榕環島活動中唯一敢公開上台助講的地方首長。一九八九年四月七日鄭南榕自焚壯烈犧牲噩耗傳來，陳定南縣長抱病全身冒著冷汗在聖母醫院連夜振筆寫下了〈鄭南榕與我〉一文，至今讀來猶令人鼻酸。一九九〇年初葉菊蘭以鄭南榕遺孀的身分高票當選進入立法院問政，陳定南立委手書一聯，勉勵她繼承丈夫台灣獨立建國的宏願：「不讓鬚眉南榕志　彷如台灣吉田仙」，同時自書一聯以自勉曰：「獨立建國胎動地　福爾摩沙松下寧」，旁

擔任宜蘭縣第十屆縣長選舉陳定南候選人助選員（黃瑞疆提供）

附小字，與「慈林基金會、鄭南榕基金會」合作，讀之令
人肅然起敬。

　　一九八九年八年縣長即將屆滿，民進黨內黃煌雄、
游錫堃立即進入兩強相爭的局面，雙方人馬你來我往僵持
不下，最後只好動用黨內初選，由黨員投票來做決定。為
贏得出線機會，雙方開始「招兵買馬」，人頭黨員互有輸
贏。當時宜蘭縣成衣大廠「欣凱成衣」數百名員工皆加入
黨員為黃煌雄助選。欣凱成衣旗下六七個廠區遍布溪南溪
北各地，占地遼闊，資本雄厚，董事長邱三環是我太太二
姨丈，與黃煌雄私交甚篤，自然情義相挺。後來有一天黃
煌雄卻突然宣布退出初選，震驚各界，關心政壇人士無不
議論紛紛。黃煌雄陣營從此開始質疑陳定南立場不公正，
偏袒游錫堃，黃、陳兩人自此漸行漸遠。年底公職改選，
民進黨縣長提名游錫堃，增額立委提名黃煌雄，省議員提
名劉守成，媒體譽為鐵三角陣容。不料陳定南在幾經斟酌
後宣布加入戰局參選立委，媒體立即轉向操作陳、游、劉
金三角。黃煌雄在被邊緣化後又犯了個致命的錯誤，在中
山國小那場關鍵演講中，他說這次選舉是班長帶新兵，意
思是他是班長，陳定南是新兵，這話聽在聲望正如日中天的
陳定南死忠支持者耳裡格外難以接受，本來有意分票的想法
自動消失了，立委選票自然再度回歸到陳定南一人身上。
開票結果黃煌雄黯然落選，陳定南右手拉著游錫堃，左手
拉著劉守成宣告金三角打破鐵三角大獲全勝。最令人遺憾
的是黃煌雄這一席即將到手的立委又平白送給了國民黨。

（二）不計私利　提攜後進

其實陳定南一生從政只顧大局不計個人利害，幾度力挺游錫堃、提攜劉守成、牽成陳歐珀莫不如此，陳定南照護了一些同志卻失去了一些盟友，甚至遭背叛也只能默默承受。游錫堃仕途順利，一生平步青雲無人能及。林義雄因美麗島事件繫獄，游錫堃乘勢而起接下林義雄省議員的棒子。一九八九年挾陳定南金三角之威順利當選第一任縣長，一九九三年競選連任時遭遇國民黨提名張軍堂強力挑戰，差點陰溝裡翻船，幸好選前最後幾天張軍堂假博士「犀牛皮事件」發酵逃過一劫。我記得投票前三天晚間溪南競選總部的一場演講，陳定南臨上台前將賴瑞鼎和我拉到角落說：「等一下上台時我準備下『白虎湯』。」問我們意下如何？我裝作不懂是什麼意思，請他明講，陳定南說看來選情不妙，準備當眾宣布若游錫堃縣長落選，他也一定辭去立委。我們當場加以制止，告訴他內部最近已經評估過選情有驚無險，低空掠過應該沒有問題，勸他不要賭那麼大。陳定南只好收回成命，不提白虎湯下猛藥的說法。

一九九五年第三屆立委選舉，民進黨中央通過「二分之一加一」提名辦法，規定執政縣市一體適用，宜蘭縣為民進黨執政，立委應選兩名，故以「二分之一加一」規定，民進黨應提名兩席應戰，陳定南舉雙手贊成，說不定選票分配得宜兩席全上都有可能。但詭異的是民進黨宜蘭

縣黨部卻反向操作，執行委員會表決通過只提名一人，也
就是尚未開戰便已禮讓國民黨一席。接下來演變成有人競
爭下必須動用黨內初選的局面。這個荒唐透頂的決定立刻
引來輿論的質疑和基層黨員的強烈反彈，主委藍偉新面對
質疑，支吾其詞似有難言之隱，最後只好送交黨中央處
理。然而更荒謬的事情緊接而來，施明德主席在主持各縣
市提名決定時竟完全打破黨中央既定的提名辦法，第一個
提出檢討的非執政的基隆市，因為報名參選者僵持不下，
最後只有一席立委實力的基隆卻開放提名兩席。緊接著輪
到宜蘭縣，長期執政的宜蘭應選出兩名立委，按照黨中央
執政縣二分之一加一的辦法，民進黨應提名兩人殆無疑
義。無奈民進黨自廢武功，施明德動用表決，結果二十比
二十，贊成提名一席和提兩席的平分秋色，作為制定二分
之一加一提名辦法的施主席本應發揮「一票定乾坤」的
關鍵，他卻保持沉默，任由周伯倫咆哮鼓譟「重新表決
啦」，混亂中通過宜蘭縣只提名一席。接下來終於真的動
用黨內初選，陳定南的競爭對手是郭時南，而主導這整個
過程的藏鏡人是誰，對宜蘭政治生態清楚的人應該不難瞭
解。這次選舉反而是在野的國民黨提名兩席，執政的民進
黨則由初選出線的陳定南應戰。

　　陳定南提攜政治後進一向立場鮮明，態度堅決，絕
無打折，一九九七年劉守成第一次競選縣長，國民黨提名
該黨中央秘書處主任廖風德應戰，廖風德曾任宋楚瑜省長
選戰及一九九六年李登輝總統大選時的發言人，口才便給

意氣風發，劉守成一開始便被壓著打，陳定南立刻親上火線，親自錄音讓廣播車全面播放，播音內容直指廖風德痛處，選情稍有起色，但仍岌岌可危，我有時隨廣播車「出巡」一探選民反應，這一招是最直接有效的民意調查，而且萬無一失，幾趟下來我憂心忡忡告訴文宣部朋友恐怕要「over」了。所幸歷史再度重演，這一次幸運之神降在劉守成身上，廖風德在政大任副教授時，有一次在政大停車場與人發生糾紛，廖卻仗勢出手打傷管理員，這個事件的確切內幕在選前一週被我們完全掌握，這下劉陣營士氣大振，新版「犀牛皮」事件即將上演，只是內容不同而已。除了紙面文宣外，我和賴瑞鼎找來羅東高商黃靜雲老師錄音：「廖風德打人、廖風德打人、廖風德佇政大停車場打人」。黃靜雲清脆激昂的聲音打動了街市兩旁的人群，我在廣播車內四望，人們原本冷漠的表情突然綻開了，而且隨著投票腳步逼近，越來越高亢，年輕選民更手舞足蹈毫不吝惜地高比二號劉守成的勝利手勢。作爲一個幕後文宣工作的人，這一刻不但已深深掌握候選人勝券在握的直接情報，選民直接回饋的熱情更是重重地烙印內心深處，永難忘懷。

　　第十屆台灣省議員補選，民進黨內有縣長機要秘書吳慶鐘和三星鄉代理鄉長陳歐珀兩強競爭，關鍵時刻陳定南立委判斷若要打敗國民黨提名的文祖湘，陳歐珀顯然較有勝算。文祖湘留美雙料博士又是宜蘭大學教授，是一個難纏的對象，因此爲顧全大局，陳定南態度堅決地寫了一

封公開信推薦陳歐珀。選戰一開打文祖湘砲口便對準陳定南連番猛烈轟擊，好像他才是競爭對手。我的恩師林光義老師一看心情大樂，立即斷定陳歐珀穩贏，只是得票高低而已，我們幾個做文宣的頗有「丈二金剛摸不著自己腦袋」的困惑，老師說：陳定南民間聲望正高，文祖湘「牛皮不叮叮牛角」，惹得大家哄堂大笑，原來文祖湘綽號「蚊子香」，林老師善用諧音評斷選情，令人擊節稱快。開票結果，果然驗證老師的看法，十一萬六千一百九十七票比八萬三千零九十五票，陳歐珀大獲全勝。

　　二〇〇五年陳定南回鍋選縣長，文祖湘為報「老鼠冤」在激烈選戰中突然插了一腳，九月二十三日在《台灣日報》上刊登〈政客謀殺了政治家〉一文，暗批陳定南是一個為了騙取選票，不顧翡翠水庫汙染，一味支持「坪林行控中心專用道」開放通行的政客。因為文祖湘論點與事實恰恰相反，是一篇如假包換，徹徹底底「假環保之名行政治報復之實」的攻擊文宣。我立即回敬了一篇〈緊貼翡翠水庫的台九線才是汙染水源的元凶〉，副標「回應台北市府偏差論點及文祖湘〈政客謀殺了政治家〉」，次日同樣在《台灣日報》刊載。這篇文章在陳定南敗選後讓我惹來了長達一年多的無妄官司。二〇〇六年一月二十三日文祖湘委任余鑑昌律師提出刑事自訴，告我涉嫌妨害名譽，四月十二日首度出庭。由於該案純屬言論自由互打筆戰，朋友都安慰我應該可以平安無代誌。但和一般人一樣從未打過官司的我一接到法院傳票，就如同要上刑場般憂心如

焚，開了幾次庭後，宜蘭地方法院終於七月十八日判決下來：「黃瑞疆無罪」。不料原告文祖湘不服，九月十一日提起上訴，這次下手更重，不但連聘台北市王東山律師事務所負責人王東山律師和林孝甄律師聯手對付我，並附帶民事求償新台幣「捌佰萬元」及「自起訴狀繕本送達之翌日起至清償日止，按年息百分之五計算之利息」。且應於《中國時報》、《自由時報》、《蘋果日報》之宜蘭地方版面連續刊登三天之半版道歉啟事。明顯欲置我於死地。此案將近一年後終於平安落幕，在高等法院法官公平審結下判我無罪，我接到判決書後才敢將這件事讓家人知道，一年多的煎熬終於盼來一紙清白的宣告，可惜這一紙還我公義的判決書卻在一次颱風中因房屋進水而泡毀。訴訟期間，幸蒙林國漳大律師助我一臂之力，免費為我寫了一紙「刑事答辯狀」，使我免於牢獄破財之災。林律師是我宜中公民課的學生，台大法律系、中興法研所畢業之高材生，在此謹以龔自珍己亥詩一首聊表敬意，詩云：「不是逢人苦譽君，亦狂亦俠亦溫文。照人膽似秦時月，送我情如嶺上雲。」

（三）人無十全　率真任性

　　所謂人無十全之美，陳定南也有率真任性的時候。一九九二年第二屆立委選舉，民進黨提名林錫耀，陳定南仍以無黨身分參選，大約投票前一週，國民黨內部文宣外洩，最高戰略「拉下陳定南，不理林錫耀」成為各報地方

版頭條標題，也成了我們最好的現成文宣素材。為顧慮「同是本土陣營」的感受，李東慶、賴瑞鼎和我主張將林錫耀的錫字用「○」蓋住，陳定南卻堅持不同看法，認為報紙都已經登過全名了，何必自我設限？於是開始爭執，搞到接近凌晨，脾氣較衝的李東慶走到窗邊抽菸，還故意飆出一句「莫插潲伊啦」，陳定南臭著臉轉身就走，孩子氣地大力把門帶上，下樓後再甩一次，連「砰」了兩大聲。因為我們在那裡連夜趕工赴第二天一早印刷，次晨七點多陳定南提了早餐來，笑嘻嘻連說「歹勢、歹勢」，就像做錯事的小孩一樣。文宣地點就在宜蘭市民權新路與健康路口東南側二樓。

在那個年代，不論陳定南或林錫耀，大家都還懷有一絲濃厚的「革命情誼」，兩邊支持者除「各扶其主」外，私下大家感情猶在。林錫耀也是宜中傑出校友，台大環工所碩士，學運領袖出身，是政壇可造之才。我為了平衡和林錫耀的關係，一邊幫忙陳定南拉票催票，一邊透過我首次購屋老闆「乾隆皇第」的邱先生捐十萬給林總部。這次選舉林錫耀陣營喊出了一個漂亮動人的口號「民主生雙生」，可惜仍然功虧一簣。他日後往台北發展，成了蘇貞昌手下大將。

政治使人狂熱，證諸史實斑斑可考，台灣又豈能例外。黨外時期先賢前仆後繼視死如歸，民進黨草創之初群雄並起，死忠支持者捨命相隨，幾近瘋狂。我們一群少數基層教師同樣深受感染，無法置身事外。一九八九年底

劉守成首次參選省議員時，赤手空拳近乎一無所有，我的表兄從基隆載來一發財車的飲料，我則提供一輛銀色1800CC福特天王星供他代步，由林進財載他跑行程。選戰結束後，車子「灰頭土臉」，我客氣地請求林稍做整理，不料再度送回來不到一個禮拜，重新烤漆後的後車廂門竟由銀色變成黑色。此事至今提起未免太過小氣，卻也不得不提，畢竟檢驗政治人物由小可以觀大。

二○○三年六月，宜蘭縣政府民政局根據省道維持一鄉鎮一路名辦法，打算將台二線、台九線、台七丙三條省道重新命名，其中台九線統一命名為「渭水路」，台七丙為「叭哩沙路」，立意極佳，卻因手法粗糙，宣導不及遭來民意反撲。國民黨民代見縫插針，六月二十七日議長張建榮、立委鄭美蘭、廖風德及議員多人率眾赴縣府陳情抗議。群眾高舉「渭水算三小 中山才偉大」的海報喧囂叫罵。七月三十日九點半廖風德不請自來逕赴宜蘭市道路命名委員會發飆鬧場。宜蘭社區大學跟著在文化中心舉辦公共論壇，張建榮議長當場飆罵三字經後，嚇得在場學界代表支吾其詞不敢為渭水路辯護。備受指責後，縣政府只好宣布八月二十三日舉辦「諮詢性公投」解套，「渭水路、中山路」一組，「叭哩沙路、三星路」一組，分別舉辦一次公開說明會，兩造雙方各執一詞，我代表叭哩沙路一方辯護，同為民進黨員的好友蔡金定則站在三星路一方，形成同黨操戈的局面。選過三屆議員均告落選的蔡金定，一上台就說什麼叭哩沙路根本就是「巴拉屎路」。結

果兩條最具台灣歷史代表性意義的路名，就在二〇〇三年八月二十三日這天透過公民投票，被自己的人民羞辱並加以扼殺了。民政局長林進財有心改革卻又弄巧成拙，成為劉守成八年施政最大的敗績，公投結果兩邊的比數同樣慘不忍睹，尤以中山路與渭水路七〇二票比八三票最令人痛心，一條紀念台灣抗日偉人的路名從此在台灣地圖上「被消失」，而且是被蔣渭水出生地的人民親自消失。期間並有一段較少人知的故事順便一提，蔣渭水裔孫蔣朝根老師公投之前特地走訪渭水路居民，竟然有人回答他說：「蔣渭水是蔣經國兒子。」令他哭笑不得。台灣人的「史盲」註定數百年被殖民的命運又能怪誰？

　　一九九三年底游錫堃連任縣長時選情告急，我自費調來鄰居幫忙散發文宣，五個人每人一天兩千元，兩週共花了十四萬，選前三天，帶班的林萬益又跑來向我要工資，我說不是叫你們停了嗎？林萬益說：「我也沒辦法阻止啊！大家都以為是領競選總部的錢嘛！」我皺著眉頭說：「快逼孔（穿幫）了，錢是從我太太戶頭領出來的。」這些人才肯罷手。我同時調用嫁到員山蓁巷村的二姊義務專跑大湖內城一帶補強，在此順便一提，以表對我二姊無限的感懷與敬意。身為童養媳的她，早年命運坎坷，卻始終保有樂觀積極的態度及寬宏的愛心，平日接濟貧窮米糧直接到戶，回程沿路撿拾垃圾，一遇選舉立即投入民進黨候選人志工行列，終年無休。從小失學的她如今已能操作網路，時常「line來line去」，令我甘拜下風，從

她身上我看到了一幅台灣女性的動人身影。

（四）兼具能力、魄力與眉角

陳定南一生從政兼具能力、魄力與眉角，他的宏觀遠見更是無人能及。三星消防局北側南星書局至三星國小東門止，是日治「公會所」舊址，日式房屋整齊寬敞，國民政府來台，國有財產局委託三星鄉公所管理，不料一九六〇年代末七〇年代初公所竟將之私自拍賣，公所職員古俊山及段姓職員等多人捷足先登，購得土地後開始起造新房舍，等到申請使用執照時才驚動國產局的注意，出面阻撓，承購戶雖四處陳情皆不得要領。直到一九九〇年找上陳定南立委後才解套。陳定南找來國有財產局官員，鄉公所負責人及住戶三方「對質」，陳立委當面指著國產局代表問：「三星鄉公所是不是政府機關？」「當然是，這不用質疑。」這時陳定南乘勝追擊：「既然同是政府機關，三星鄉公所以國有財產局委託管理人身分將土地出售，國產局事前不知，事後又不加追究，等到產權轉移房舍蓋好，才驚覺不妙，追究時效已大有爭議，同為政府機關豈可玩弄法律尊嚴，失信於民？」此事終告落幕，國產局自動認輸退堂。這就是陳定南的眉角。

陳定南的宏觀遠見更令人津津樂道，羅東運動公園在他的「柔腸鐵腕」下完成土地徵收，前面已經說過，不必再述。一九八七年陳定南縣長委託台灣省住都局及台大土木工程研究所都計室（台大城鄉所前身）編寫的「宜蘭

縣綜合發展計畫」，表面素樸無華的計畫書卻奠定了宜蘭縣百年發展的基礎，至今縣內所有重大建設幾乎都在這個計畫中進行。一九九七年宜蘭縣政府委託世界級大師新加坡馴馬公司劉太格重新製定「宜蘭縣總體規劃」，描繪宜蘭縣未來願景，設定X年（終極年）人口增長極限一百萬人，往回推，宜蘭縣在雪隧通車後的二○一五年人口將達六十二萬五千人，二○三五年將達八十萬人。也許未將少子化趨勢預作考量，使得這個規劃與現實情況格格不入，令人有空中樓閣的感覺，因爲二○二○的今天，宜蘭縣人口仍在四十五萬人左右原地踏步。

　　陳定南不只宏觀眼光令人佩服，連「微觀」的工程細節亦令人歎爲觀止。一九九三年底民進黨挾陳定南宜蘭經驗之威，提出「清廉勤政愛鄉土」的訴求主軸，橫掃全台，國民黨台灣省黨部主委關中見事態嚴重，爲了打破陳定南的「宜蘭神話」，在一期《雙十園》雜誌中登出十條「如果……陳定南就垮了」，其中一條：「如果選前來一個大地震，宜蘭運動公園體育館的磁磚掉了一塊，陳定南就垮了。」神奇的是三十幾年過去了，沒有人聽說該體育館掉過一塊磁磚。更值得一提的是她還是一九九二年世界骨牌金氏紀錄的場地，一九九二年由日本東京放送電視台（TBC）主辦的金氏紀錄挑戰活動首次來台舉辦，在遍尋不到合格場地後，經人推薦宜蘭運動公園體育館，因爲排列骨牌的場地條件非常嚴苛，尤其地面越平越好，經實地勘驗，果然符合條件。三月底由主辦單位從日本、韓國、

泰國及台灣，嚴格甄選出四十多名健康耐力過人的年輕人進駐體育館，每天工作十二小時，連續四十多天，終於四月二十九日排列完成。五月一日好戲登場，從第一張骨牌被推倒起到最後一張倒地為止，一百六十四萬張骨牌在四十五分鐘內全倒，打破了一九八四年以來的金氏紀錄，成了一項另類的台灣之光，若無當年陳定南對工程品質的嚴苛要求，台灣恐會喪失這一次贏得世人矚目與讚譽的機會。

陳定南的微觀也曾及時「拯救」了我在三星宜蘭厝的一個致命錯誤。一天早上第一節剛下課，我的宜中同事說陳定南立委剛剛來電找你說有急事，請你立刻回電。原來陳定南一大早就跑去三星「巡視」我房子的工事，他發現地基筏式基礎鋼筋底下的墊石都使用紅磚，要我立即換成花崗石塊或水泥塊，否則一灌上水泥就來不及了，因為磚塊較易吸水，年深日久，地基準會爆裂，必會危及房屋安全。

陳定南兼具兩位宜蘭前輩：即蔣渭水的文化素養和林義雄的硬氣精神，一九八九年和一九九三年李煥內閣與連戰內閣都曾找上陳定南任政務委員、交通部長，兩度都被陳定南以「不願助紂為虐，為虎作倀，會有罪惡感」而明白拒絕，在中山國小那次公辦政見會上，陳定南唯恐部分聽眾聽不懂「助紂為虐」、「為虎作倀」的意思，特別用「我少年就無安怎，那會呯老才討客兄？」引來台下一陣闃然大笑。一九九三年連戰同樣找上游錫堃，游態度模

稜，不置可否，兩件事都在報紙頭條披露，頗耐人咀嚼。後來林義雄看到這個報導，直覺游有意入閣，為阻止這件事情發生，親撰公開信一封在《民眾日報》上獨家發表。游也即時踩住煞車。一九九五年四月十九日李登輝總統尊翁李金龍九十五高齡病逝，出殯前某天游錫堃縣長由李姓秘書開車連夜趕往三芝，由於繞行北宜公路九彎十八拐，加上市區塞車遲至深夜才趕到靈堂致祭並與李總統秘談，因事涉敏感，不對外公開，以避免黃信介「主帥夜奔敵營」的故事重演。游錫堃雖然學識不高，但仕途順暢，官運亨通，一九九五年阿扁入主台北市府，游立即擔任台北捷運公司董事長，二○○○年起追隨阿扁進入中央，由行政院副院長、總統府秘書長、行政院長一路扶搖直上，二○一九年底小英尋求連任，游錫堃一席「不忮不求」的談話，我斷定游一定出任立法院長，果然他被安排在全國不分區立委安全名單內。二○二○年小英高票連任，游不但以沒有選過一次區域立委，沒有擔任過一天立委的身份入主立法院長寶座，並繼孫科之後，唯一曾任行政、立院兩院院長的人，游錫堃的勵志故事，頗能成為力爭「上游」者的榜樣。

我與蔣渭水的「緣分」

我和蔣渭水「結緣」甚早，一九八二年我回母校教書，每當接任新班級時，必定利用機會板書蔣渭水名言，

如「同胞須團結，團結真有力」、「臨床講義」等，但都保持「戒慎恐懼」的心情，以免校方盯上。然百密必有一疏，有一回講到忘我，不料教務主任游某突然出面干涉，上課不應該談論政治，我不甘示弱回以古文內容大多涉及政治，若不能以古鑑今，教再多又有何用，結果不歡而散，事後他也沒找我麻煩，只勸我盡量少講。二〇〇三年渭水路遭公投否決後，我一面將A4大小上課時版書蔣渭水文章的個人照，贈送蔣渭水裔孫蔣朝根老師，一方面立即敦請文化醫生林衡哲出面召集「催生蔣渭水先生紀念館」運動，企圖扭轉劣勢、變缺點為優點。適逢林醫生在宜蘭社大主講「二十世紀台灣代表性人物」，我有幸成為他的學生。經過本人三個多月的籌畫奔走，終於在二〇〇三年十二月四日下午六時半假文化局三樓展開盛大座談，由林醫師主持，蔣渭水長子蔣松輝、孫蔣朝根、宜蘭縣觀光協會總幹事徐惠隆引言，我負責司儀。出席來賓有文化局長陳登欽、立委張川田、田秋堇、黃玉成、黃聲遠、林于昉、蔣錫勳、徐友勝、簡楊同、陳育貞、陳文隆、黃玲娜、黃增添、林正仁、陳兆震、陳歐珀、溫淑玲、劉麗玲、林麗貞、楊晉平、朱達明、宋岫書……等將近六十名各階層關心人士與會，形成共識，將蔣渭水議題重新喚醒各界的重視。期間正逢清華大學設立宜蘭分校帶來地方的熱烈討論，劉守成縣長和清大校方形成共識，將來若設校成功，將在校內籌建一座兼具國際會議中心及歌劇院的「蔣渭水文化中心」。可惜事與願違，清大在教育部二

○○五年核定設校，二○一○年通過環評後卻於二○一二年宣布放棄退場。

　　話說回頭，一九九七年起廣設大學法令鬆綁，爭取國立大學名校設立分校亦成為各地方政府競相努力的目標，劉守成接縣長不久，台大校方亦派人與他接觸，剛好楊宏智教授是我高一同班同學、電機系楊英杰教授是高我一屆的學長，於是我特請劉縣長和兩位台大教授前來三星宜蘭厝洽談台大設立宜蘭分校的可能性。可惜事後卻變成清華大學取而代之。我在想當初若無轉向，以台大和宜蘭的距離，加上雪隧通車，成功機會應該更有可能，但凡事「機不可失，失不復得」，頗值得掌權者深思。

　　為了替蔣渭水「討回公道」，我們雙管齊下於二○○四年元月國道三號高速公路全線通車，高公局同時宣布「以人名為命名原則」的有獎命名活動後，立即展開「催生蔣渭水紀念高速公路」連署活動，由林衡哲任召集人，黃瑞疆任宜蘭連絡人，蔣朝根為台北聯絡人，活動積極展開，連署分網路與通訊兩種辦法。我以書面連署方式專跑學校與補習班，所遇困境與九○年代我們全家在宜蘭火車站擺攤「九八公投連署」完全相同，大部分人冷漠以對，少部分則完全不知蔣渭水何許人也，所幸我在慧燈中學及慧燈補習班尚有一些斬獲，向主辦單位寄出了近三百份連署書，連同台北方面及網路部分，以「蔣渭水」為路名的連署書超過一千四百份高居第一名，並遙遙領先第二名僅有兩百多票的「福爾摩沙」，「經國」一百多票，

「中正」則僅二位數。為了預防不測，我們分頭找來社會各界精英代表，不分統獨黨派共襄盛「署」，名單如下：王曉波、史明、李喬、李鴻禧、林義雄、林衡哲、林逸民、林于昉、馬英九、莊永明、黃煌雄、陳永興、陳歐珀、張川田、廖咸浩、劉守成、蔣松輝、謝志偉等，並於二○○四年七月二十七日上午假台大校友會館召開記者會，號召民眾全力支持。不料開票結果，主辦單位竟私心自用，以「推薦理由大同小異，有刻意動員之嫌」，將第一名「蔣渭水高速公路」排除在外而採用非人名的「福爾摩沙」。此事引起不少批評聲音，對阿扁政府的公信力產生不小的質疑。八月初有一天我在馳往「中華汽車生產廠」的半路上突然接到林醫生來電，說游錫堃秘書長剛剛來電，轉達陳水扁總統的歉意。

　　二○○五年身兼國民黨主席的台北市長馬英九，為收攬台灣人心，將二二八事件及白色恐怖時期罹難的台灣籍精英，如李友邦將軍等人名、頭像分別高懸在國民黨中央黨部牆上，領導抗日殖民統治的蔣渭水赫然在列。該年年底宜蘭縣長候選人呂國華立馬跟進，渾然忘卻兩年前公開羞辱蔣渭水的激情演出，開始大作文宣消費蔣渭水。而耗時十五年，二○○六年六月十六日全線通車的國道五號，終於由行政院正式命名「蔣渭水高速公路」。國道命名的爭議雖然落幕，各黨政客們的醜惡嘴臉卻也為歷史提供了一齣鮮活的劇碼。

　　一九三一年八月五日，四十一歲的蔣渭水英年早

逝，台灣人痛失民族導師，出殯之日萬人相送，被稱作
「大眾葬」，一九九○年代某天，一部失傳已久由日本人
拍攝的大眾葬影片突然出現在宜蘭縣政府，也許價錢談不
成，讓當時的游錫堃縣長痛失先機。二○○○年阿扁上
台，本土歷史初露曙光，《認識台灣》首度出現在國中課
程。「認識蔣渭水」也同時首度出現在「新台灣人」馬英
九市長的眼前。馬英九後來居上，很幸運地擁有了「蔣渭
水大眾葬」的舊影片，從此如虎添翼，一飛沖天。在黃煌
雄的「指導」下，馬英九開始認識蔣渭水，消費蔣渭水。
黃煌雄將蔣渭水定位為「台灣孫中山」，深獲馬英九的青
睞，林衡哲則視蔣渭水為亞洲四大革命家之一，且與印度
聖雄甘地、菲律賓國父黎利同樣主張非暴力手段，只有中
國的孫中山主張武力革命。黃煌雄以蔣渭水為抗日英雄，
林衡哲則認為蔣渭水是台灣反殖民統治的先聲。蔣渭水的
偉大格局顯然不是馬英九的最愛，馬英九喜歡的應該是和
中國的連結。我每次參加相關蔣渭水紀念活動時，只要有
馬英九在的場合，幾乎都能看到黃煌雄，黃煌雄也毫不保
留地盛讚馬英九弘揚蔣渭水的貢獻。

太平山鐵路復駛運動

　　大正四年（一九一五）十一月太平山林場初伐，檜
木集中土場，再利用雨季或颱風過後大量水流直接漂至員
山鄉公所西端貯木池待運。因為效果不佳且木材撞擊耗損

嚴重，日治政府遂改變策略準備改用鐵道運輸，路線及終點問題一時未定，宜蘭市和羅東鎮僵持不下，當時羅東街長陳純精眼光深遠，善用謀略，終於取得日本政府同意。平地線遂沿蘭陽溪右岸，出天送埤後貫穿三星平原，終點在羅東竹林站。陳純精的深謀遠略從此奠定羅東百年商業中心的繁榮基礎。大正十三年（一九二四）一月二十七日，土場至竹林全線通車，木材產量大增，羅東鎮上製材所櫛比鱗次，濃烈的紅檜、扁柏的香氣滿溢著整個羅東街市。爲感念陳純精，羅東人特於環鎮道路開通時取名純精路以資紀念，純精路在開通時地方負債三億多，時任宜蘭縣長、國民黨籍的李鳳鳴有心拓寬卻沒能力支付，陳定南上任後才爭取經費並償債完成，此事較鮮爲人知。

當時鐵路總共有十站，主要分三階段完成，最早是由台南製糖會社先開發平地路段，接著一九二一年土場天送埤段竣工，一九二四年歪仔歪至竹林路段由羅東人捐款五萬元日幣完成，俗稱羅東寄附線。這條鐵路對台灣的經濟貢獻極大，太平山林場的林木產值在高峰期時是阿里山的五倍，甚至比阿里山加上八仙山的產量總和還要更高。也因此，後來阿里山鐵路獲得保留，而我們太平山林鐵卻反而被拆除，引發了地方人士的忿忿不平，才有「太平山鐵路復駛」的倡議，首先我們籌組了「叭哩沙喃鄉土協進會」，敦請蔣家興醫師擔任會長，我做總幹事，會員有三星長老教會黃保論牧師、陳金鐘老師、溫淑玲老師、黃錫塘代表、黃進財先生……等，好友陳朝岳適時捐助五萬

元後立即展開一連串造勢動作，首先在二〇〇〇年一月二十二、二十三兩天，利用三星蔥蒜節會場設立攤位接受連署，兩天下來人數接近破萬。緊接著三月十一日假三星鄉立圖書館舉辦耆老座談，鄉長魏榮勝與會。三月二十一日拜訪大同鄉長李玉蕙，三月八日赴羅東林管處拜會李汶津處長，均獲高度肯定與支持。四月九日天送埤至清水湖段路基探勘，五月九日赴大同鄉樂水社區說明會，七月十三日赴宜蘭縣政府向劉守成縣長請願。二〇〇一年縣政府召開公聽會，會場人潮洶湧，我受邀上台簡報，羅東鎮游榮華鎮長也蒞臨踴躍發言，劉縣長當場裁示先做規劃，二〇〇二年底「太平山森林鐵路調查、規劃及評估」報告書終於出爐。同年年中我更馬不停蹄經由社區營造向文建會爭取一百萬元先行搶修天送埤車站。吳澤成擔任副縣長期間，突然委託「十方都市開發顧問有限公司」完成「宜蘭縣太平山森林鐵路復駛BOT案前置規劃計畫」可行性評估報告。期間二〇一一年五月三星鄉公所也委由立展工程顧問有限公司完成「天送埤林鐵火車站至長埤湖風景區觀光台車道復建整體規劃」相關報告。二〇一二年三月十二日我接受《華視新聞雜誌》專訪。黃錫墉鄉長任內以縮小版仿蒸汽火車繞天送埤站內行駛，並由本人作詞「五分仔火車再歸來」，請人譜曲後由憲明國小學生合唱，歌詞內容如下：

　　半世紀的風雨　四十年的寂寞

阮在夢中有看見

妳位雲中來　駛位雲中去

夢中看到妳

載著歸車的阿叔佮阿姨

嘿嘟Chi Chu Chi Chu駛上山頂去

夢中看到妳

載著滿滿的松羅Hinoki

Kili kolo Kili kolo 妳欲駛叼去

十點五十來到天送埤

囝仔大人攏來突柴辟

大家媳婦趕緊去洗米

嘟—Chi Chu Chi Chu 噴白煙

親像鐵甲武士佇生氣

五分仔火車 妳嘟嗲生氣

太平山阿里山

太平阿里 帶動台灣的景氣

五分仔火車 妳嘟嗲生氣

妳是阮的好姊弟

妳是台灣經濟發展的Aniki

　　去年已高升行政院政務委員的吳澤成前來天送埤車站，我中途插隊給他做簡報，他有聽進去。我說「南阿里，北太平」，讓這條鐵路復駛鐵定穩賺不賠，你看阿里山鐵路常因颱風、山崩地裂等天災而停開多年，但是我們

太平山不一樣，沒有這樣的困境。再加上大台北、基隆、桃園地區又有六七百萬人口，來養這條觀光鐵路絕對綽綽有餘。可是現在肺炎疫情嚴峻，不知道政府是否還有餘力來處理。我們當初在發起復駛運動時，主要訴求是比照先進國家復駛精華路段，也就是從三星到牛鬥這差不多十公里的路段先行著手，將來「頭過身就過」。之後吳澤成有約林姿妙縣長去行政院開會，林姿妙當過羅東鎮長，當然是支持自羅東開始的平原段，但我們卻認為這條路是行不通的，原因之一是路段太長且單調乏味，且最重要的是，這段路早已變農路，政府若要進行徵收，難度太高。相對地，我主張的三星至牛鬥路段，沿線途經平原、田野、河谷、山林等各種代表性景觀，風景豐富多元。但當時在行政院開會時並未通知民間團體，所以我們的聲音自然難以傳達。好友廖維仁則提供另類思考，他說若政府堅持全線復駛，平原段可行安農溪北岸堤頂，不但視野佳，河沿兩岸風光一覽無遺。到柑仔坑橋附近北轉貫穿三星市場再回三星舊火車站，這一段形成鐵公路共構，有仿日本江之電的味道，遠景可期。

　　連署期間我們只花了兩天就逼近一萬份，這表示民間期待殷切。二〇〇五年陳定南回鍋參選縣長，我參與文宣工作，在《觀光白皮書》中我們建議森鐵復駛，陳定南強調一定要將鐵路開到土場，接著銜接原有「流籠」（斜坡深谷時使用）、「蹦蹦仔」（蒸氣搬運車頭，行走時蹦蹦作響，遇到平坦山路時用），流籠蹦蹦仔直到太平山。

現有公路則保留僅行公務車或緊急救難使用,類似日本黑部立山,又如瑞士策馬特馬特洪峰的先進做法,禁行燃油汽車以減輕環境負擔。可惜因為敗選,一切淪為空談。總之,我殷切期盼有生之年能看到這條俗稱五分仔火車(七六二公釐軌距,約大線火車之一半,故名)的太平山林鐵能原汁原味地奔馳在蘭陽的山林、河谷與平野上,相信這也是無數台灣人的美麗夢想。

去年底我應基金會之邀,為志工團做一場陳定南生平解說,我說陳定南無疑是當代台灣操守最好、能力最強、知識最淵博、文化涵養最深厚的政治人物。雖然他生平服膺亞伯拉罕・林肯和約翰・甘迺迪兩位美國總統,但我倒認為他更像一向正直無私、本性善良、熱愛一切知識、獨立宣言起草人的美國第三任總統湯瑪斯・傑佛遜總統。常言道「人佇做、天佇看」,我卻相信「天佇做、人佇看」,青天陳定南儘管官運不濟,官位不高,但他的所作所為、一言一行都已深深烙印在每一個有良知的台灣人心中,後世子孫也必將以曾經擁有這樣的祖先為榮。

林光義先生生平大事記

1941	出生於宜蘭縣壯圍鄉。
1945	父親罹患胃出血過世。
1954	壯圍鄉古亭國民學校畢業，考進省立宜蘭中學初中部。
1957	續升宜蘭高中。
1960	宜蘭高中畢業，以第一志願考上台師大教育系，輔修英文。
1964	台師大教育系畢業，返回宜蘭高中實習一年，1965年去當兵，服預備軍官役一年，1966年回校。在宜蘭高中任教至1990年退休，共二十六年。
1967	與張秀菊女士（台北女師畢業）結婚。
1971	與周清惠、林忠勝、林正雄攜手創辦「慧燈補習班」。
1978	暑假與宜蘭高中國文老師杜顯揚聚餐時，第一次和陳定南見面。
1981	為黨外宜蘭縣長候選人陳定南助選。（得票數 陳定南90,389票 vs. 李讚成82,117票）

1983	母親林郭鴛鴛過世。 為紀念母親而設立的「慈恩獎學金」開始頒發，每年頒獎兩次給二十位學生，每名四千元，由林光義親自頒獎。
1985	幫忙陳定南競選連任第十屆宜蘭縣長。 （得票數 陳定南140,923票 vs. 林建榮60,460票）
1989	以大哥的名義買下慧燈中學第一塊土地。1990年從宜蘭高中退休後，至戶政事務所，將身分證的職業欄改成自耕農。嗣後以自己的名字，花五年時間，陸續買進六公頃校地面積的土地。 卸任縣長的陳定南，轉戰立法委員，順利當選；1992年高票連任；1995年三度蟬聯；1998年四度當選連任宜蘭縣立委。
1990	補習班擴展到羅東開班，羅東的「慧登補習班」於1990年7月1日開工，兩棟教學大樓分別於1991年5月與1992年5月落成。
1994	買好六公頃土地後，展開設立慧燈中學的籌備工作。由許祈財、林忠勝和林光義共同列名為創辦人。 陳定南在第二任立委期間代表民進黨參選台灣省長，最終敗給宋楚瑜。
1996	7月1日慧燈中學校舍動工，隔年5月20日舉辦竣工典禮，隨即展開招生工作。首先從國中部開始招生，三年後，緊接著成立高中部。
2000	陳水扁當選總統後，延攬陳定南出任法務部長。

2005	陳定南辭去法務部長職位，再度參選宜蘭縣長，輸給國民黨提名的呂國華。 （得票數 陳定南112,853票 vs. 呂國華121,463票）
2006	陳定南於11月5日逝世。12月1日在宜蘭運動公園舉辦追思音樂會。
2007	6月14日，陳定南教育基金會正式立案成立，由林山田教授擔任董事長。11月5日林山田去世，由李界木接任董事長。 開始籌建陳定南紀念館。11月13日於宜蘭運動公園舉辦「一塊來建館」活動，號召宜蘭鄉親一同贊助興建陳定南紀念館。
2008	李界木遭控涉入「龍潭購地案」。11月15日陳定南教育基金會董事會通過李界木請辭，推選林光義接掌董事長。
2011	陳定南紀念館於11月5日開館。
2012	陳定南教育基金會陸續開辦「青天公民領袖營」、「陽光青少年營」。「青天公民領袖營」從2012年開始，至2019年已邁入第八屆。
2019	民進黨內總統候選人初選活動，支持賴清德，但蔡英文出線以後，全力支持蔡英文。
2021	《昂首撥雲現青天：林光義先生訪談錄》出版，並於宜蘭縣三星鄉陳定南紀念館舉辦新書發表會。

林光義先生訪談錄索引

國家圖書館出版品預行編目(CIP)資料

昂首撥雲現青天：林光義先生訪談錄 /
陳儀深訪問；簡佳慧記錄. -- 初版. -- 臺北市：
前衛出版社, 國史館2021.04
　　面；15×21公分

　　ISBN 978-957-801-926-3（平裝）

　　1. 林光義　2. 臺灣傳記

783.3886　　　　　　　　　　110000687

昂首撥雲現青天 —— 林光義先生訪談錄

訪　　問　陳儀深
記　　錄　簡佳慧
責任編輯　楊佩穎、張笠
校　　對　林光義、黃瑞疆、陳儀深、陳世宏、彭孟濤、楊佩穎
封面題字　黃朝松
美術設計　盧卡斯工作室
內頁排版　宸遠彩藝
出 版 者　國史館
　　　　　100006 台北市中正區長沙街一段2號
　　　　　電話：02-23161000
　　　　　郵撥帳號：15195213
　　　　　官方網站：https://www.drnh.gov.tw
　　　　　前衛出版社
　　　　　10468 台北市中山區農安街153號4樓之3
　　　　　電話：02-25865708｜傳眞：02-25863758
　　　　　郵撥帳號：05625551
　　　　　購書‧業務信箱：a4791@ms15.hinet.net
　　　　　投稿‧編輯信箱：avanguardbook@gmail.com
　　　　　官方網站：http://www.avanguard.com.tw
總 經 銷　紅螞蟻圖書有限公司
　　　　　11494 台北市內湖區舊宗路二段121巷19號
　　　　　Tel：02-27953656　Fax：02-27954100
出版日期　2021年04月初版一刷
定　　價　新台幣400元（平裝）

©Avanguard Publishing House 2021
Printed in Taiwan　ISBN 9789578019263　GPN 1011000131